Fernando Ocáriz

DIE WELT IST IN DER KIRCHE VERSÖHNT

Ein Gespräch mit Rafael Serrano

Mit kirchlicher Druckerlaubnis

Verlag Fassbaender
www.fassbaender.com
Lichtgasse 10, 1150 Wien
office@fassbaender.com

Übersetzung: Walter Rella
Gestaltung: Suelie Somborn
Druck: Buchdruckerei Ernst Becvar GesmbH

Printed in Austria 2016
ISBN 978-3-902575-75-3

Fernando Ocáriz

DIE WELT IST IN DER KIRCHE VERSÖHNT

Ein Gespräch mit Rafael Serrano

Verlag Fassbaender · Wien

Inhalt

EINLEITUNG

Ich bin Journalist. Um über das zu schreiben, was uns die Theologie über Gott, die Kirche und die Welt zu sagen hat, beschloss ich, eine geeignete Quelle aufzusuchen – jemanden, den wir salopp gesprochen als Experten bezeichnen könnten.

Das ist der Hintergrund des Interview-Buches, das Sie nun in den Händen halten. Es entstand ohne Druck – der Befragte hatte Zeit und Muße, nicht nur seine Gedanken zu ordnen, sondern auch an der Art und Weise der Darstellung zu feilen.

Professor Fernando Ocáriz ist innerkirchlich eine bekannte Persönlichkeit und dazu ein hervorragender Theologe. 1994 wurde er Generalvikar der Prälatur Opus Dei, 2014 Auxiliarvikar und damit Stellvertreter des Prälaten des Opus Dei, Bischof Echevarría. Seit der Gründung der Päpstlichen Universität vom Heiligen Kreuz in Rom lehrt er dort Fundamentaltheologie und Dogmatik. Er ist Autor zahlreicher philosophischer und theologischer Werke und hat auch im *L'Osservatore Romano* schon oft Beiträge veröffentlicht. Seit 1986 ist er wissenschaftlicher Berater (Konsultor) der Kongregation für die Glaubenslehre, später wurde er auch Konsultor der Kongregation für den Klerus und zuletzt des noch relativ jungen Päpstlichen Rats für die Förderung der Neuevangelisierung. 1989 wurde er Mitglied der Päpstlichen Akademie für Theologie.

Aus seinen wissenschaftlichen Schriften möchte ich zwei philosophische Werke hervorheben: *Il Marxismo: Ideologia della rivoluzione* (1977); und *Voltaire: Tratado sobre la tolerancia* (1979). Im Bereich der Theologie war er noch produktiver als in der Philosophie. Sein erstes Werk war der Gotteskindschaft gewidmet: *Hijos de Dios en Cristo. Introducción a una teología de la participación sobrenatural* (1972, zu Deutsch etwa „Kinder Gottes in Christus – Einführung in eine Theologie der übernatürlichen Teilhabe"). Es folgten diverse Studien, die in wissenschaftlichen Aufsätzen und Sammelbänden publiziert und in mehrere Sprachen übersetzt wurden. So zum Beispiel ein Beitrag über die Offenbarung (*La Revelación en Cristo y la consumación escatológica de la historia y del cosmos,* 1993) und ein Band über Christus (*El misterio de Jesucristo. Lecciones de cristología y soteriología,* 1991). Er schrieb auch geistlich-theologische Bücher, meist zur Erläuterung der Lehren des Gründers des Opus Dei. Im Sammelband *Das Opus Dei in der Kirche* (1993)[1] befindet sich ein bedeutender Beitrag von Ocáriz. Im Jahr 2000 verfasste Kardinal Ratzinger ein Vorwort für eine Sammlung theologischer Abhandlungen von Ocáriz, die unter dem Titel *Naturaleza, gracia y gloria* erschien.

Geboren 1944 in Paris und aufgewachsen in Madrid, schloss Fernando Ocáriz das Physikstudium in Barcelona ab, wo er dem Opus Dei beitrat. Danach studierte er Theologie an der Lateranuniversität. 1971 promovierte er an der Universität von Navarra und wurde im selben Jahr zum Priester geweiht. Seit damals wohnt er in Rom.

Der Theologe Ocáriz betont mit Nachdruck, dass er seit seiner Weihe vor allem Priester sei. Seine wichtigste Tätigkeit sieht er in der Feier der Heiligen Messe, in der Weitergabe des Wortes Gottes, in der Spendung der Sakramente und somit darin, *Diener Christi* und *Verwalter von Geheimnissen Gottes* zu sein (vgl. 1 *Kor* 4,1).

Das Interview, das in mehreren Etappen im Laufe eines knappen Monats durchgeführt wurde, greift wichtige Fragen der Theologie auf und bezieht sich auf die Kirche, das Opus Dei, die Gesellschaft und aktuelle ideologische Strömungen. Das Interview wurde möglich, da der normale Arbeitsrhythmus des Interviewten aufgrund einer Operation unterbrochen wurde. Der chirurgische Eingriff, der aufgrund eines Sportunfalls nötig war, zwang Ocáriz, seinen Bewegungsradius einzuschränken und einige Wochen mit Krücken zu gehen.

---

[1] Pedro Rodríguez – Fernando Ocáriz – José Luis Illanes, *Das Opus Dei in der Kirche,* Paderborn, Bonifatius, 1997.

Die Fragen an Ocáriz sind ein Widerschein der Krisenstimmung in einigen Bereichen der Gesellschaft. Ocáriz versucht die tieferliegenden Gründe für die Lage zu erörtern und eröffnet eine Perspektive, welche die historische Erfahrung ebenso berücksichtigt wie das Bleibende: das Handeln Gottes und die menschliche Natur. Ohne die Probleme kleinzureden, geht Ocáriz gelassen auf sie ein, was seinem Charakter entspricht. Er spricht sanft, ruhig, mit Humor und lächelt dabei. Er nahm sich Zeit zu überlegen; manchmal schickte er noch schriftliche Erklärungen zur Ergänzung seiner Antworten nach. Er drückt sich präzise und knapp aus, manchmal sogar sehr knapp. Gelegentlich musste ich ihn bitten, ausführlicher zu antworten, mehr zu erklären bzw. noch mehr ins Detail zu gehen. Ich konnte aber nicht erreichen, dass er von der Analyse der Gründe für verschiedene Probleme zu einer Prognose überging: „Ich bin kein Prophet", sagte er mir, als ich ihn nach der Zukunft des Christentums in Europa fragte. Das war keine Ausrede, sondern gründete auf einer Glaubenswahrheit: Das Ergebnis des Zusammenspiels der göttlichen Vorsehung und der menschlichen Freiheit ist weder vorhersehbar noch planbar. Für den Christen ist die Zukunft kein Gegenstand von Wahrsagerei, sondern von Hoffnung.

Meine Aufgabe bestand darin, die Interviewfragen zu formulieren. Einige fielen dabei etwas länger aus, um den Leser mit dem Thema vertraut zu machen. Bevor ich den Text fertigstellte, suchte ich die Quellen der Zitate, die Professor Ocáriz auswendig zitiert hatte. Er hat seinen Teil durchgesehen und noch weitere Zitate hinzugefügt.

Ich hoffe, dass das Ergebnis der Arbeit dem angepeilten Ziel entspricht: die Sicht eines modernen Gelehrten auf Angelegenheiten des öffentlichen Interesses darzulegen.

1

DER THEOLOGE

Man möchte heute oft die Meinung von Theologen nicht nur über Gott, sondern auch über viele andere Fragen allgemeinen Interesses hören, möglicherweise deshalb, weil die Theologie den Fragen des menschlichen Seins näher steht als beispielsweise die Teilchenphysik. Die wissenschaftliche Zuverlässigkeit eines Theologen kann nicht nur auf Grund der Polemik in den Medien, sondern vor allem durch das Studium ihres theologischen Werkes eingeschätzt werden. Sie arbeiten seit 40 Jahren als Theologe, und seit mehr als 28 Jahren sind Sie wissenschaftlicher Mitarbeiter der Glaubenskongregation. Dies hat es Ihnen sicherlich ermöglicht, die aktuellen Entwicklungen der Theologie aus der Nähe zu verfolgen. Könnte man sagen, dass Ihnen Ihr erster Bildungsweg als Naturwissenschaftler die spätere wissenschaftliche Arbeit als Theologe erleichtert hat? Könnten Sie Ihren wissenschaftlichen Werdegang vor diesem Hintergrund kurz skizzieren?

Ich entschied mich zuerst für die Physik, weil sie mich damals am stärksten von allen Fächern anzog – insbesondere als Forschungsfeld. Vermutlich hat die Atmosphäre in meiner Familie dazu beigetragen, denn diese war stärker natur- als geisteswissenschaftlich geprägt. Mein Vater war Tierarzt beim Militär und widmete sich nach seinem Dienst beim Heer der tierbiologischen Forschung, und zwar zuerst in Paris, wo ich auch geboren wurde, und danach in Madrid. Darüber hinaus ist einer meiner älteren Brüder Schiffsingenieur, ein anderer Physiker und der dritte Mathematiker. Ich denke, dass sicher auch meine Lehrer in den letzten Jahren am Gymnasium und die Professoren in den ersten Semestern an der Universität (die damals für alle technischen Studien dieselben waren) für meine Entscheidung von Bedeutung gewesen sind. Dies alles, so scheint mir, hat mich in die Richtung von mathematischen Fachgebieten geführt. Da ich aber noch genauer die Wirklichkeit kennen und erforschen wollte, wandte ich mich der Physik zu.

Der Grund meiner Zuwendung zur Theologie ist leichter nachvollziehbar: Im Opus Dei studieren alle Gläubigen Philosophie und Theologie, entsprechend ihren persönlichen Umständen, z.B.

ihrem Arbeitsrhythmus. Die meisten Gläubigen im Opus Dei absolvieren ein komplettes Studium der Philosophie und der Theologie (damals waren es zwei Jahre Philosophie und vier Jahre Theologie). Mich begeisterten diese Studien. Es gibt, objektiv gesehen, nichts Faszinierenderes als sich in die Erkenntnis Gottes, in Jesus Christus und in die Geheimnisse des Christentums zu vertiefen. Danach folgten das Lizenziat in Theologie an der Lateranuniversität und das Doktorat an der Universität von Navarra. Ich denke, dass mein Interesse für Theologie zweifellos von dem Wunsch nach näherer Kenntnis der Lehren des hl. Josefmaria Escrivá de Balaguer entscheidend beeinflusst war. Auch die beiden Philosophen Carlos Cardona und Cornelio Fabro übten als authentische Ausleger und profunde Kenner des hl. Thomas von Aquin einen bedeutenden Einfluss auf mich aus.

Der Berührungspunkt zwischen Physik und Theologie besteht für mich darin, dass beide auf ihre Weise auf die Erkenntnis der Wirklichkeit abzielen und dass beide ein unbegrenztes Feld für die Forschung und für tiefere Erkenntnisse über die Wirklichkeit darstellen.

Wie hat sich die Theologie, seitdem Sie das erste Mal mit ihr zu tun hatten, gewandelt? Was würden Sie sagen, wenn Sie zusammenfassend die aktuelle Lage der Theologie beschreiben müssten: Fortschritte, Hindernisse, Fehlschläge, vielversprechende Ansätze?

Ich nehme wahr, dass die heutige Theologie eine bessere Fundierung in der Bibel und in der Patristik anstrebt und dass sie dem historischen Kontext größeres Augenmerk schenkt. Es lässt sich aber auch eine schwächere metaphysische Fundierung innerhalb der spekulativen Theologie ausmachen. In diesem Sinne hat man auch zu wenig beachtet, was *Fides et Ratio* dazu zu sagen hat. In dieser Enzyklika unterstrich Johannes Paul II., dass sich das Verständnis der geoffenbarten Wahrheit auf eine Philosophie des Seins stützen muss, damit sich die Dogmatik in rechter Weise entwickeln kann.[2] Wenn die theologische Reflexion nicht über empirische Erkenntnisse hinausgeht, verfällt sie leicht einer reduktionistischen Sicht in Bezug auf die Glaubenswahrheiten. Dies ist der Fall – und dieses Beispiel entstammt derselben Enzyklika – in der Ekklesiologie, wenn die Kirche nach dem Modell der Zivilgesellschaft erklärt wird.

Ebenso wurde im Allgemeinen – mit bemerkenswerten Ausnahmen – die Empfehlung des II. Vatikanums, die Lehren des hl. Thomas von Aquin zu studieren, zu wenig befolgt.[3] Thomas von Aquin ist für verschiedene theologische Einzelfragen wichtig und vor allem für die Einbindung der metaphysischen Vernunft in den *intellectus fidei* im theologischen Diskurs.

Es lässt sich auch aktuell eine stärkere Kontextualisierung theologischer Fragestellungen beobachten – eine größere Zusammenschau mit Fragen, die sich in anderen Bereichen stellen. Das hat einerseits zu positiven Resultaten geführt, zum Beispiel im Feld der Bioethik, wo die Theologie dazu beiträgt, fundamentale Themen wie jenes der Menschenwürde oder die Einheit der Person, in der Leib und Geist untrennbar verschmolzen sind, zu erhellen. Andererseits glückte die Kontextualisierung manchmal weniger und führte zu negativen Ergebnissen, wie dies zum Beispiel bei der Befreiungstheologie der Fall war, die von der Glaubenskongregation in ihren Instruktionen *Libertatis nuntius* (1984) und *Libertatis conscientia* (1986) einer kritischen Prüfung unterzogen wurde.

Unter den vielversprechenden Ansätzen ist der gewiss nicht leicht zu realisierende Versuch zu erwähnen, valide Beiträge der historisch-kritischen Exegese der Hl. Schrift in eine theologisch

---

[2] Vgl. Johannes Paul II., *Fides et ratio,* 14.09.1998, Nr. 97.

[3] Vgl. II. Vatikanisches Konzil, *Gravissimum educationis,* Nr. 10; *Optatam totius,* Nr. 16.

vollständigere Bibelexegese einzuarbeiten. Dazu gehören in gewisser Weise die Bände *Jesus von Nazareth* von Joseph Ratzinger – Benedikt XVI., in denen schwierige Fragen angeschnitten und, wie er selbst meint, Diskussionsvorschläge unterbreitet werden (es handelt sich dabei nicht um Texte des päpstlichen Lehramtes).

Da Sie die Enzyklika „Fides et Ratio" von Johannes Paul II. angesprochen haben, deren Hauptthema das Verhältnis zwischen Theologie und Philosophie ist: Der Papst führte hier das starke Bild ein, dass Glaube und Vernunft „wie die beiden Flügel sind, mit denen sich der menschliche Geist zur Betrachtung der Wahrheit erhebt". Die Theologie scheint für ihre Tätigkeit also stets das solide Fundament einer mit dem christlichen Gedankengut harmonierenden Philosophie zu brauchen. Und einen großen Exponenten einer solchen Philosophie im 20. Jahrhundert haben Sie persönlich gekannt: den italienischen Gelehrten Cornelio Fabro (1911-1995). Er galt als kritischer Analytiker zeitgenössischer Denkweisen und Erneuerer des Thomismus.

Auch Sie selbst setzten sich mit zeitgenössischen Strömungen auseinander. „Der Marxismus: Theorie und Praxis einer Revolution" (1975) war eines Ihrer ersten Bücher. Inzwischen sind Jahre vergangen und der Marxismus scheint auf der Müllhalde der Geschichte gelandet zu sein. Wie soll es nun nach dem Tod von Cornelio Fabro mit der thomistischen „christlichen Philosophie" weitergehen? Wird es ihr ebenso ergehen wie dem Marxismus?

Der Begriff „christliche Philosophie" kann missverstanden werden. In einem realistischen Sinne und damit als eine für die Formulierung und Vertiefung christlicher Glaubenswahrheiten geeignete Philosophie ist der Begriff nicht verschwunden. Es fehlt heutzutage nicht an hervorragenden christlichen Philosophen. Man darf sich aber diese Philosophie nicht als eine eigenständige und in sich geschlossene Welt vorstellen. Gerade Cornelio Fabro war als ein guter Professor der Philosophie intellektuell sehr aufgeschlossen. Er führte aus, dass sein philosophisches Wirken sich entwickelte, indem er drei grundlegenden Richtungen gefolgt war. Die erste Richtung bestand in der Interpretation und Vertiefung des Denkens des hl. Thomas von Aquin und führte ihn zu dem, was Fabro als *wesentlichen Thomismus* bezeichnete. Er konzentriert sich auf eine Wiederentdeckung des Seins als Akt und auf den zugehörigen Begriff der Teilhabe. Eine zweite Richtung bestand in der Erforschung moderner und zeitgenössischer Philosophie. In diesem Zusammenhang zeigte er mit wissenschaftlicher Präzision, dass Immanenzphilosophie und Atheismus wesentlich zusammengehören. Die dritte Richtung bestand in einer Verteidigung von Kierkegaards Opposition gegen Hegel und der Bestätigung von Kierkegaards Verständnis von Freiheit als Unabhängigkeit der Person, welche dazu befähigt, sich auf die Wahl des Absoluten, das heißt auf Gott, einzulassen.

Diese drei Richtungen stehen miteinander in Beziehung und können nicht als bloße Ablehnung modernen Gedankengutes zum Zweck der Wiederbelebung einer thomistischen Philosophie aufgefasst werden. Im intellektuellen Werdegang von Cornelio Fabro finden wir die intensive Bemühung, all das Positive modernen Denkens im Lichte einer realistischen und christlichen Philosophie aufzugreifen und wertzuschätzen. Diese intellektuelle Offenheit Fabros ging stets mit einer Haltung von echter Kohärenz und Aufrichtigkeit einher: Nachdem er eine Angelegenheit genau untersucht hatte, sagte er ohne Furcht vor Gegenwind, wie er darüber dachte. Dazu ein Beispiel: Ich erinnere mich noch gut an seine Worte, als er 1986 von meiner Nominierung zum Konsultor der Glaubenskongregation erfuhr – er selbst war ja über viele Jahre auch Konsultor derselben gewesen. Er meinte mir gegenüber: „Ich gebe Ihnen einen einzigen Rat: Sagen Sie immer was Sie denken".

Um noch einmal auf den Marxismus zu sprechen zu kommen: Warum hatte er zu anderen Zeiten eine so starke Anziehungskraft?

Ist sein Einfluss in der heutigen Gesellschaft und Kultur noch zu spüren? Oder in der Kirche?

Der Marxismus hatte eine philosophische Anziehungskraft, weil es ihm gelungen war, den Idealismus Hegels zu erden, indem er die Dialektik in die reale und materielle Geschichte einzufügen trachtete. Er hatte eine soziale Anziehungskraft wegen seiner vermeintlichen Überwindung von utopischen Formen des Sozialismus und seinem generellen Streben nach sozialer Gerechtigkeit, wobei freilich im eigentlichen Marxismus weder der Begriff der Gerechtigkeit noch der des Rechts wirklich einen Platz haben. Für Marx ist das Recht nicht mehr als schmückendes Beiwerk der Macht.[4] Marx selbst gab zu, dass ihm schlicht nichts anderes übrigblieb, als auf der Ersten Internationalen von „Freiheit" und „Gerechtigkeit" zu sprechen, und zwar aufgrund der „Dummheit" – so Marx wörtlich – seiner Mitstreiter.[5] Mir scheint, dass der Marxismus – oder besser, die verschiedenen „Marxismen", denn es gibt große Unterschiede zwischen Marx, Engels, Lenin, Gramsci, Althusser, Marcuse etc. – als Gedankengebäude nur in sehr eingeschränkten und eher unbedeutenden akademischen Kreisen noch eine Rolle spielen. Dennoch hat er auf verschiedene Weisen Spuren in der Gesellschaft hinterlassen. Am bemerkenswertesten in diesem Zusammenhang ist möglicherweise die weit verbreitete Reduktion der Politik auf die Wirtschaft, wobei es dabei paradoxerweise zu einem Zusammenfall mit einem liberalen Kapitalismus der extremen Art kommt. In der Kirche hatte der Marxismus, wie bekannt, Einfluss auf diverse Bewegungen („Christen für den Sozialismus" etc.) und auf die so genannte Befreiungstheologie. Diese wollten Methoden

---

[4] Vgl. Miguel Ángel Tábet – Arthur Maier, Karl Marx – Friedrich Engels, *La Sagrada Familia y La ideología alemana,* Madrid, Magisterio Español, 1976, 171.

[5] Vgl. Augusto Del Noce, *I caratteri generali del pensiero politico contemporaneo* I, Milano, Giuffrè, 1972, 178.

des Marxismus anwenden, ohne aber zu berücksichtigen, dass die marxistische Methode, wenn man sie ernst nimmt, mit dem historischen Materialismus zusammenfällt und daher mit dem Atheismus untrennbar verbunden ist.

Der Marxismus verlor seine Glaubwürdigkeit, weil klar geworden war, dass er politische Herrschaftsstrukturen hervorbringt, welche die Freiheit ersticken und darüber hinaus ökonomisch ineffizient sind. Wo man die Prinzipien der kommunistischen Wirtschaftslehre mehr oder weniger aufgegeben hat, um das Heil in einem staatlich überwachten Kapitalismus zu suchen, wie dies in China geschah, wird die marxistische Ideologie zu einer leeren Hülse, an die nur mehr wenige glauben. Im Nachhinein dienen die beteuerten Prinzipien nur rhetorisch dazu, die Unterdrückung zu rechtfertigen, mit welcher die herrschende Elite sich unter Einbeziehung von Polizei und Armee an der Macht hält.

Dass der Marxismus versagt hat, soll freilich nicht heißen, dass die Probleme, denen er Abhilfe schaffen wollte, gelöst wären. Die aktuelle internationale Finanz- und Wirtschaftskrise sollte den Westen dazu führen, Selbstgefälligkeit zu meiden und seinem eigenen Materialismus zu misstrauen.

Kehren wir in die Gegenwart zurück. Der heute bekannteste Theologe ist Joseph Ratzinger. Welche Stellung nimmt er in der zeitgenössischen Theologie ein? Worin bestehen die Grundzüge seines Denkens und was sind seine wichtigsten Beiträge?

Zunächst muss man feststellen, dass die zeitgenössische Theologie keine homogene Wirklichkeit ist. Es gibt in ihr, abgesehen von der Unterschiedlichkeit der einzelnen Schulen, unterschiedliche Strömungen, unter denen in einigen Fällen starke Meinungsverschiedenheiten existieren. So ist bekannt, dass es diverse theologische Kreise gibt, die sich einerseits zwar stark voneinander unterscheiden, andererseits aber darin übereinstimmen, dem Lehramt der Kirche kritisch oder offen feindselig gegenüberzustehen und von daher „logischerweise" die Theologie Ratzingers abzulehnen.

In einem Teilbereich und bei einigen Themen der aktuellen theologischen Auseinandersetzung nimmt Joseph Ratzinger einen bedeutenden Platz im Sinne eines Bezugspunktes ein, und zwar sowohl wegen der thematischen Breite seiner Schriften und der unbestrittenen Klarheit seiner Analysen und Synthesen als auch aufgrund seiner moralischen Autorität, die seinen 24 Jahren an der Spitze der Glaubenskongregation und, mehr noch, seinem späteren Amt als Römischer Pontifex geschuldet ist.

Die Theologie Ratzingers umfasst, wie gesagt, ein sehr weites Gebiet, angefangen von zentralen Fragen der Fundamentaltheologie bis hin zu Aspekten der sozialen und politischen Moral. Mich persönlich hat seine Ekklesiologie besonders interessiert und im Speziellen seine Auffassung von Kirche als *sacramentum salutis* (Sakrament, das heißt Zeichen und Mittel der Erlösung) im Kontext einer *eucharistischen Ekklesiologie*, die eine Neigung zur Einseitigkeit, wie sie in der Theologie der orthodoxen Kirche vorhanden ist, vermeidet. Ratzinger weist darauf hin, dass es der von orthodoxen Theologen entwickelten eucharistischen Ekklesiologie schwer fällt, den Primat Petri zu erklären: Weil sie die Eucharistie als Zentrum der Ortskirche ansehen, neigen sie dazu, sich ausschließlich rund um den Bischof und seine Teilkirche zu drehen und dadurch die universale Reichweite der Eucharistie und des Primates zu übersehen. Um dieser Schwierigkeit zu begegnen, ist es wichtig, den Begriff der *communio* im Sinne einer Grundidee für das Verständnis der Kirche herauszustellen, denn er beinhaltet auch die Idee der Katholizität. In diesem Sinne ist die Beschreibung der Urkirche, welche uns die Apostelgeschichte liefert, sehr bezeichnend: Die Gläubigen *hielten an der Lehre der Apostel fest und an der Gemeinschaft* (koinonía), *am Brechen des Brotes und an den Gebeten* (Apg 2,42). Die Einheit der Kirche, die Gemeinschaft (*communio*), – so erläutert Ratzinger – ist vom Dienst der Apostel (ausgedrückt im Lehramt) und vom Dienst des Altares (dem Brechen des Brotes) umfangen.[6]

Sie haben zahlreiche Studien der Lehre des hl. Josefmaria Escrivá gewidmet. Welchen Beitrag hat der Gründer des Opus Dei für die zeitgenössische Theologie geleistet?

Der Beitrag des hl. Josefmaria bezieht sich auf mehrere Teilgebiete der Theologie. In vielen Bereichen finden sich seine tiefgründigen und inspirierenden Lehren wieder. Dazu gehören zum Beispiel die Idee von dem an alle Menschen gerichteten Ruf zur Heiligkeit und zum Apostolat, die spezifische Identität und Sendung der Laien in der Kirche, die zentrale Bedeutung der Gotteskindschaft für den Christen und seine Einswerdung mit Jesus Christus, die Hl. Messe als Zentrum und Wurzel christlichen Lebens, die Heiligung der Arbeit, die Beziehung zwischen allgemeinem und sakramentalem Priestertum, die Einheit des Lebens, die Ehe als Berufung, die ursprünglich gut erschaffene Welt und die Geschichte als Prozess der Wiederherstellung der nach dem Sündenfall gestörten göttlichen Ordnung aller Dinge. Dies sind keine in akademischer Weise ausgearbeiteten Lehren, sondern Ausformungen jenes Lichtes, das der hl. Josefmaria am 2. Oktober 1928, dem Gründungstag des Opus Dei, von Gott empfing. Johannes Paul II. sagte einmal mit Bezug auf den hl. Josefmaria, dass die Theologie sich stets auf das Evangelium gründend weiterentwickeln und bereichern wird. Der Impuls dazu komme aber stets aus der Erfahrung der großen christlichen Glaubenszeugen.[7]

---

[6] Vgl. Joseph Ratzinger, *Convocados en el camino de la fe. La Iglesia como comunión,* Madrid, Cristiandad, 2004, 65.

[7] Vgl. Johannes Paul II., *Vortrag im Rahmen eines Kongresses über das Denken des Gründers des Opus Dei,* Rom am 14.10.1993.

Unter diesen Beiträgen des hl. Josefmaria zur Theologie erwähnten Sie auch die Gotteskindschaft, über die Sie vor Jahren eine Studie veröffentlicht haben.[8] *Ich weiß nicht, ob die Bedeutung dieses Aspektes allen Lesern klar ist. Der Christ weiß zwar, dass er durch die Taufe Kind Gottes geworden ist. Aber welche praktischen Konsequenzen hat das für sein konkretes Leben?*

Bevor man sich über die praktischen Konsequenzen Gedanken macht, ist es notwendig, ein Bewusstsein über die Wichtigkeit der Realität der Gotteskindschaft zu entwickeln. Ihre Bedeutung ist so groß, dass der hl. Paulus schreiben konnte, unsere Annahme an Kindes statt sei der eigentliche Zweck der Menschwerdung des Sohnes Gottes gewesen: *Als aber die Zeit erfüllt war,* – so schreibt er an die Galater – *sandte Gott seinen Sohn, geboren von einer Frau und dem Gesetz unterstellt, damit er die freikaufe, die unter dem Gesetz stehen, und damit wir die Sohnschaft erlangen* (Gal 4,4-5). Es geht nicht nur darum – das wäre schon viel – dass Gott uns wie ein Vater behandelt und uns einlädt, uns als seine Kinder zu verstehen. Es geht um viel mehr: Die übernatürliche Gnade macht uns wahrhaft zu Kindern Gottes. Sie führt uns in die Vertrautheit der Heiligen Dreifaltigkeit hinein, als Kinder des Vaters im Sohn, in Christus, durch den Heiligen Geist. Es ist der Heilige Geist, der im Herzen des Glaubenden ruft: *Abba, Vater* (Röm 8,15), und Er ist es, der die Anwesenheit und Ähnlichkeit Christi im Herzen des Gläubigen hervorruft. Der hl. Johannes schreibt in diesem Zusammenhang: *Seht, wie groß die Liebe ist, die der Vater uns geschenkt hat: Wir heißen Kinder Gottes und wir sind es* (1 Joh 3,1).

Die Lehren des hl. Josefmaria über die Gotteskindschaft haben ihren Ursprung nicht allein, und auch nicht hauptsächlich, in seinem persönlichen Nachdenken, sondern in einer kontemplativen Schau, die Gott seiner Seele in einem bestimmten Augenblick

[8] Veröffentlicht in Fernando Ocáriz, *Naturaleza, gracia y gloria,* Pamplona, Eunsa, 2011², 175-221.

seines Lebens zuteilwerden ließ.[9] Eine tiefe Gewissheit der Gotteskindschaft führte ihn – ausgehend von seiner persönlichen geistlichen Erfahrung – dazu, die zentrale Bedeutung der Gotteskindschaft im christlichen Leben anderen zu lehren. Er erachtete das Gespür für diese Kindschaft nicht nur als *geistiges Fundament des Opus Dei,*[10] sondern lehrte darüber hinaus, dass das geistliche Leben eines jeden Christen *auf dem Bewusstsein der Gotteskindschaft* ruht.[11] Welche praktischen Konsequenzen hat diese tiefe Wirklichkeit? Man kann zusammenfassend sagen, dass das ganze christliche Leben vom Bewusstsein der Gotteskindschaft geprägt sein soll. Das Gebet zum Beispiel – der hl. Josefmaria predigte unermüdlich von der Bedeutung desselben – soll ein kindliches Gespräch mit Gott dem Vater sein, also voll Liebe, Einfachheit, Vertrauen, Aufrichtigkeit. Die Arbeit, welche es auch immer sei, können wir in der sicheren Gewissheit verrichten, die Dinge unseres Vaters zu tun, denn es ist doch so, wie uns der hl. Paulus sagt: *Alles gehört euch, ihr aber gehört Christus und Christus gehört Gott* (1 Kor 3,22-23). Eine andere Konsequenz von wichtiger Bedeutung ist die Brüderlichkeit, die uns die anderen als wahrhafte Geschwister wahrnehmen lässt, geliebte Kinder desselben göttlichen Vaters. Von daher kommt auch der apostolische Eifer. Und eine Bekehrung wird in diesem Sinne eine Rückkehr zum Haus des Vaters sein (wie Jesus im Gleichnis vom verlorenen Sohn dargelegt hat). Schlussendlich – ich möchte mich hier nicht länger darüber ausbreiten – füge ich nur hinzu, dass das Bewusstsein der Gotteskindschaft zu einer großen Freiheit des Geistes führt – *die Freiheit der Kinder Gottes,* wie sich der hl. Josefmaria auszudrücken pflegte – und zu einer tiefen Freude und einem Optimismus, der auf der Hoffnung gründet.

---

[9] Vgl. Andrés VÁZQUEZ DE PRADA, *Der Gründer des Opus Dei,* Bd. I, Köln, Adamas, 2001, 369-371.

[10] Josefmaria ESCRIVÁ, *Christus begegnen,* Köln, Adamas, 1997, Nr. 64.

[11] Josefmaria ESCRIVÁ, *Im Feuer der Schmiede,* Köln, Adamas, 1989, Nr. 987.

Sie bringt uns dazu, die Welt, die gut aus den Händen unseres göttlichen Vaters hervorging, zu lieben und das Leben im klaren Bewusstsein darüber anzupacken, dass es möglich ist, das Gute zu tun und die Sünde zu besiegen.

Obwohl es sich um ein übernatürliches Mysterium handelt – könnten Sie ein wenig erklären, was es heißt, Kinder des Vaters „im Sohne" zu sein?

Die Gotteskindschaft *ist* die Einswerdung mit Christus, mit dem eingeborenen Sohn des Vaters. Es handelt sich dabei nicht nur um eine Ähnlichkeit mit Christus, d.h. seine Gefühle, Absichten und Ansichten über die Wirklichkeit etc. zu teilen, obwohl dies alles auch miteingeschlossen ist. Es heißt, in derselben einzigartigen Beziehung zu stehen wie Christus zu seinem Vater. Es gibt nur einen Gottessohn, den Eingeborenen, das Ewige Wort, das in Christus Fleisch geworden ist. Wir sind nicht Kinder Gottes, sozusagen jeder auf seine Art, sondern wir sind eins mit Christus. Wir sind Kinder, weil wir an der Kindschaft des Wortes, an der Kindschaft Christi – freilich in eingeschränktem Maße – teilhaben: Wir bilden durch ihn, mit ihm und in ihm einen einzigen Leib, seinen mystischen Leib. Der hl. Josefmaria unterstrich mit Nachdruck, dass der Christ aufgrund der übernatürlichen Gnade nicht nur ein *alter Christus* (anderer Christus), sondern *ipse Christus* (Christus selbst) ist.[12]

Es handelt sich in der Tat um ein großes Geheimnis, das viele Aspekte und Schattierungen beinhaltet. Wir können es nicht ganz verstehen, insofern es in seinem Wesen auf das Mysterium der Dreifaltigkeit bezogen ist. Aber wir können daran glauben, darauf vertrauen und auf dieser Grundlage lieben und handeln.

[12] Vgl. Josefmaria ESCRIVÁ, *Christus begegnen,* Nr. 11, 96, 104, 107, 115 etc.

Es gab eine Zeit, in der die Theologie zusammen mit der Philosophie an der Spitze der Wissenschaften stand. Heute finden wir diesen Ehrenplatz viel eher im Umfeld der Biologie oder der Physik. Hat ein Theologe den Intellektuellen der heutigen Zeit oder generell der Öffentlichkeit noch etwas zu sagen?

Den Intellektuellen von heute hat der Theologe viel zu sagen, wenn sie ihn nur hören wollten… Den christlichen Intellektuellen kann er ein sich an deren intellektuellen Horizont orientierendes Wissen um Glaubensinhalte anbieten. Das ist unter anderem deshalb notwendig, um unnötige subjektive Spannungen zwischen Wissenschaft und Glaube – die kein objektives Fundament haben – zu vermeiden. Den nichtglaubenden Intellektuellen kann der Theologe Gründe der christlichen Hoffnung aufzeigen, indem er ihnen die *praeambula fidei*, d.h. die Wahrheiten, die dem Glauben vorangehen, darlegt: die Unsterblichkeit der menschlichen Seele, den historischen Wert der Evangelien etc.

Den Christen muss man vor allem sagen, dass die Theologie nicht nur für jene ist, die sich mit diesem Studium aus beruflichen Gründen oder zur Vorbereitung auf das Priestertum befassen. Nein, jeder Gläubige braucht die Theologie, natürlich auf unterschiedlichen Ebenen, denn der Gläubige strebt danach, in dem Maße, in dem sein Glaube lebendig ist, dasjenige besser zu kennen, was er glaubt. Schon aus Rücksicht auf die Einheit der Person ist der Glaube notwendigerweise *fides quaerens intellectum*[13] („ein Glaube, der zu verstehen sucht"). Und das ist die Theologie. In diesem Sinne bringt die Theologie jedem Gläubigen, innerhalb wie außerhalb der akademischen Welt, ein größeres Verständnis für das, was objektiverweise – und es sollte auch subjektiv so sein – nicht nur das Wichtigste, sondern darüber hinaus auch das Spannendste ist.

---

[13] ANSELM VON CANTERBURY, *Proslogion,* Prooemium, in *Opera omnia,* Hg. F.S. Schmitt, Bd. I, Edinburgh, 1946, 94.

2

IM VATIKAN

Sie haben 1986 als Berater der Glaubenskongregation im Vatikan zu arbeiten begonnen. Diese Behörde zum Schutz der Kirche vor Häresien stand damals bereits ein halbes Jahrzehnt unter der Leitung ihres weithin bekannten Präfekten Josef Kardinal Ratzinger. Er blieb bis zu seiner Wahl zum Papst dann noch 19 Jahre lang Ihr Chef.

Der Rücktritt Benedikts XVI. am 28. Februar 2013 war ein geradezu revolutionäres Ereignis. Über die Gründe, die Benedikt XVI. zu diesem Schritt bewogen, gab es zahlreiche Spekulationen. Wie beurteilen Sie diese Entscheidung? Und welche Bilanz würden Sie vom Pontifikat Benedikts XVI. ziehen?

Klarerweise war der Rücktritt Benedikts XVI. eine große Überraschung, die ich, wie viele andere auch, mit einer Mischung aus Schmerz und Zuneigung zu diesem großen Nachfolger Petri zur Kenntnis nahm. In den Monaten davor war eine fortschreitende Abnahme seiner körperlichen Kräfte deutlich erkennbar (in seiner Stimme, der Art sich zu bewegen, manchmal auch in seinem Gesicht). Ebenso aber konnte man seine geistige Aufgewecktheit, seine Gelassenheit, seine Einfachheit und seine Liebenswürdigkeit ganz offenkundig fühlen. Zum Beispiel konnte man seinen wachen Intellekt in der Ansprache, welche er am 14. Februar in der Aula Paul VI. vor dem römischen Klerus hielt, wieder einmal erleben: Er sprach 50 Minuten ohne schriftliche Aufzeichnungen über das II. Vatikanische Konzil und folgte dabei einem klaren gedanklichen Schema, das inhaltlich reich an historischen Bezügen und persönlichen Überlegungen war. Das Motiv seines Amtsverzichts? Benedikt XVI. hat es ausdrücklich den Kardinälen bekannt gegeben: Nach reiflicher Überlegung in der Gegenwart Gottes erachtete er aufgrund seiner geschwächten körperlichen Kraft den Amtsverzicht zum Wohl der Kirche für angebracht. Niemand konnte das besser beurteilen als er selbst. Wer Benedikt XVI. besser kannte, für den hätte es jedenfalls keinen Sinn gemacht, sich einen anderen Beweggrund vorzustellen als seine Liebe zur Kirche und seinen Verantwortungssinn.

Seit dem 28. Februar – in Wirklichkeit seit der Ankündigung des Rücktritts am 11. Februar – habe ich über das Vermächtnis nachgedacht, welches sein fast achtjähriges Pontifikat uns hinterlassen hat: vor allem ein äußerst reiches Erbe an Lehrschreiben, das nicht nur in den Enzykliken *Deus caritas est, Spe salvi, Caritas in veritate* sowie in apostolischen Ermahnungen und anderen Dokumenten zum Ausdruck kommt, sondern auch in seinen weitgespannten mündlichen Verkündigungen, seinen Predigten und Ansprachen, von denen viele glänzende Lehrschreiben – über die Kirche, die Apostel, die Kirchenväter usw. – darstellen. Zuletzt würde ich sagen – selbstverständlich ohne es als Resümee oder als eine Synthese des Reichtums seiner Lehrschriften zu verstehen – dass Benedikt XVI. alle dazu angeregt hat, das zu verstehen und zu leben, was er in der feierlichen Antrittshomilie zu seinem Pontifikat betont hat: „Es gibt nichts Schöneres, als vom Evangelium, von Christus gefunden zu werden. Es gibt nichts Schöneres, als ihn zu kennen und anderen die Freundschaft mit ihm zu schenken." (24.4.2005)

Kennen Sie Papst Franziskus persönlich?

Ich habe ihn in Argentinien kennen gelernt, als er als Jorge Mario Bergoglio Weihbischof in Buenos Aires war. Ich begleitete den Prälaten des Opus Dei Bischof Javier Echevarría bei diesem Besuch. Es war ein sehr herzliches Gespräch zwischen den beiden Bischöfen (ich hörte vor allem zu). Es sind seither etliche Jahre vergangen (es dürfte 1996 gewesen sein), aber ich erinnere mich unter anderem, dass Bischof Bergoglio uns erzählte, dass er den zum damaligen Zeitpunkt noch seligen Josefmaria Escrivá de Balaguer als Fürsprecher anzurufen pflegte. Dasselbe äußerte er nochmals 2001 in einem Schreiben an Bischof Echevarría, in welchem er seine Freude über die bevorstehende Heiligsprechung des Gründers des Opus Dei zum Ausdruck brachte. Ich begegnete ihm nochmals anlässlich eines weiteren Besuches zusammen mit Bischof Echevarría im Jahr 2003, als er bereits Kardinal Erzbischof von Buenos Aires war.

Von diesen zwei einmaligen Begegnungen blieb mir der Eindruck, einen bescheidenen und gleichzeitig einfachen Menschen mit Sinn für Humor kennen gelernt zu haben und insbesondere einen Hirten, der ganz für seine Sendung lebt. Das wirklich Wichtige ist jetzt aber die Gewissheit, dass er der Papst ist, der Nachfolger des hl. Petrus, der Vikar Christi für die gesamte Kirche. In diesem Zusammenhang kommt mir eine passende Anekdote in den Sinn: Bischof Alvaro del Portillo hatte Kardinal Montini gut gekannt und häufigen Umgang mit ihm gepflegt. Als er ihn nach seiner Wahl zum Papst das erste Mal besuchte, sagte Paul VI. zu ihm: „Sono diventato vecchio“ („ich bin alt geworden“), worauf der später selig gesprochene Alvaro del Portillo spontan entgegnete: „Santità, è diventato Pietro“ („Heiligkeit, Sie sind Petrus geworden“).

Immer wieder wird neuerdings behauptet, die Römische Kurie sei reformbedürftig. Wie denken Sie als Mitarbeiter der Kurie darüber?

In der Tat hat man jüngst viel von einer notwendigen Reform der Römischen Kurie gesprochen. Meine unmittelbare Kenntnis eines Beraters einiger Dikasterien ist nicht diejenige derer, die ständig dort arbeiten. So wie jede Organisation, ist auch die Römische Kurie in ihrer Struktur und Funktionsweise verbesserbar. Den öffentlich gemachten Aussagen der Kardinäle vor dem Konklave zufolge – diese kennen die Thematik besser als ich – sei eine Reform angebracht. Ich nehme es mir selbstverständlich nicht heraus zu sagen, wie diese Reform durchgeführt werden soll. Ich möchte aber doch noch anmerken, dass die Römische Kurie insgesamt, soweit ich sie direkt oder indirekt kennen gelernt habe, eine positive und notwendige Realität ist, die auf den Dienst an der Kirche ausgerichtet ihre Arbeit tut.

Sprechen wir nun von der Kongregation für die Glaubenslehre. Da sie Nachfolgerin des Heiligen Offiziums ist, neigt man dazu, sie als Bewahrerin der Rechtgläubigkeit und Wächterin gegenüber Abweichungen in Fragen des Glaubens und der Moral anzusehen. Können Sie als jemand, der persönliche Erfahrungen mit der Kongregation hat, erklären, mit welchen Angelegenheiten sie sich beschäftigt?

Wie im Päpstlichen Jahrbuch dargelegt, besteht die Kongregation aus drei Abteilungen (*Uffici*): die Sektion für die Glaubensdoktrin, die Disziplinarsektion und die Ehesektion. Die Disziplinarabteilung beschäftigt sich mit Angelegenheiten, welche die kirchliche Disziplin betreffen, wie zum Beispiel Verurteilungen besonders schwerwiegender Verfehlungen gegen den Glauben und die Sakramente. Auch die Aufhebung von Exkommunikationen, die dem Hl. Stuhl vorbehalten sind, wird in dieser Abteilung bearbeitet. Die Ehesektion behandelt Eheangelegenheiten, insbesondere solche, die sich auf den Glauben beziehen. Die Sektion für die Glaubensdoktrin beschäftigt sich mit der Förderung der Glaubens- und Sittenlehre.

Am unmittelbarsten kenne ich diesen letzten Bereich. In dieser Abteilung wird die Funktion der Förderung der Glaubens- und Sittenlehre auf sehr verschiedene Weisen realisiert. In erster Linie durch die Ausarbeitung und Veröffentlichung von Lehrdokumenten. Unter den zahlreich erschienenen Dokumenten sind unter anderem folgende besonders erwähnenswert: das Schreiben *Communionis notio* (1992), die Erklärung *Dominus Iesus* (2000), die *Note zu einigen Fragen über den Einsatz und das Verhalten der Katholiken im politischen Leben* sowie die *Lehrmäßige Note über einige Aspekte der Evangelisierung* (2007). Eine andere Aufgabe ist das Studium von Veröffentlichungen und öffentlichen Aussagen, die dem

Glauben zuwider zu laufen scheinen: Bekannt geworden sind zum Beispiel öffentliche Erklärungen der Kongregation über die Schriften einiger Theologen, die schwerwiegende Irrtümer oder Unklarheiten in der Lehre beinhalten. Das geschieht niemals ohne zuvor einen schriftlichen oder nötigenfalls auch mündlichen Dialog mit den betreffenden Autoren geführt zu haben. Die Kongregation ist auch dazu befugt, die zur Veröffentlichung bestimmten Dokumente anderer Dikasterien der Römischen Kurie unter dem Gesichtspunkt der Lehre zu überprüfen und das *nihil obstat* für manche kirchliche Ernennungen zu geben.

Was macht eigentlich ein Konsultor wie Sie konkret?

Meine Aufgabe besteht darin, meine Meinung zu mir vorgelegten Fragen zu äußern. Üblicherweise wird den Konsultoren eine detaillierte Sachverhaltsdarstellung übergeben, welche eine eingehende Darlegung der Fragestellung, die dazugehörigen Dokumente und einige Stellungnahmen von Experten in der Materie – von Konsultoren der Kongregation oder auch von Nicht-Konsultoren – beinhaltet. Jeder Konsultor studiert den Fall für sich selbst. Danach gibt es eine Versammlung, in der jeder seine Einschätzung vorbringt, Meinungen ausgetauscht werden etc. Manchmal versammeln sich dazu alle Konsultoren, manchmal nur ein Teil derselben. Gelegentlich erfordert eine Angelegenheit mehrere Zusammenkünfte. Daraufhin wird der Fall samt den Einschätzungen der Konsultoren den Mitgliedern der Kongregation (Kardinäle und Bischöfe) zum Studium vorgelegt. Zuletzt bringt der Kardinalpräfekt alles vor den Papst.

Mehr als diesen Prozess selbst möchte ich die Ernsthaftigkeit hervorheben, mit der die Kongregation arbeitet: Alle Fälle werden von vielen Personen und mit einer bemerkenswerten Interdisziplinarität untersucht, wodurch sie aus unterschiedlichen Blickwinkeln und von verschiedenen Wissensgebieten her betrachtet werden können.

Mich beeindruckt insbesondere die Verantwortung, welche auf dem Papst ruht. Obwohl er auf so viele Berater zählen kann, obliegt die Letztentscheidung über jeden Fall aufgrund der Natur seines Auftrages dem Hl. Vater. Vor Jahren konnte ich erleben, wie sich Johannes Paul II. nach Anhörung der Meinungen verschiedener Mitarbeiter hinsichtlich eines besonders schwierigen Falles bei diesen bedankte und, während er die rechte Hand an die Brust führte, es ihm entfuhr zu sagen: „Aber die Verantwortung liegt bei mir".

Wie war Ihre persönliche und berufliche Beziehung zum Präfekten Joseph Ratzinger? Sie hatten ja Umgang mit ihm: Wie würden Sie seine Wesensart beschreiben?

Die Konsultorenversammlungen finden nicht unter dem Vorsitz des Kardinalpräfekten, sondern unter jenem des erzbischöflichen Sekretärs der Kongregation statt. Dennoch hatte ich in jenen Jahren Gelegenheit, an einigen Zusammenkünften, bei welchen der Kardinal den Vorsitz führte, teilzunehmen – üblicherweise mit wenigen Personen. Häufiger waren die persönlichen Begegnungen mit ihm, um die ich ihn bat, um verschiedene Angelegenheiten bezüglich meiner Mitarbeit in der Kongregation – oder andere Fragen – zu besprechen. Bei diesen Gelegenheiten gewährte der Kardinal die Audienz so rasch, wie sein äußerst dichter Terminplan es zuließ, und es fiel mir auf, dass er nie von sich aus das Gespräch für beendet erklärte oder merken ließ, dass ihn andere Dinge erwarteten.

Wie soll ich meine Eindrücke zusammenfassen? Abgesehen von dem, was für alle offenkundig ist – seine große Intelligenz und sein Wissen, nicht nur auf theologischem Gebiet – würde ich seine Verfügbarkeit für die anderen, die Offenheit seines Geistes und seine Einfachheit hervorheben. Eine Äußerung all dieser Eigenschaften, die mir immer auffiel, war, dass man ihm in aller Ruhe gegenteilige Einschätzungen zu den seinigen darlegen konnte, ohne dass ihn das störte. Und dies trotz des großen Abstandes an kirchlicher und wissenschaftlicher Autorität zwischen seiner Person und jenen, die wir ab und zu verschiedene Ansichten bei Fragestellungen vertraten, bei denen verschiedene Meinungen legitim waren. Man merkte, dass es ihm nicht darum ging, seine eigenen Ideen durchzusetzen, sondern um die Wahrheit. Darin bestätigte sich sein bischöflicher, vom hl. Johannes inspirierter Wahlspruch (3 Joh 1,8): *Cooperatores veritatis*, Mitarbeiter der Wahrheit.

Von den seinerzeitigen Lehräußerungen der Glaubenskongregation haben Sie die zwei Instruktionen über die Theologie der Befreiung bereits erwähnt. Weitere bedeutende Stellungnahmen waren das Schreiben „Communionis notio" (1992) und die Erklärung „Dominus Iesus" (2000), wobei das zweite Dokument deutlich mehr öffentliche Aufmerksamkeit erfuhr. Sie waren ja an der Präsentation beider Dokumente persönlich beteiligt.

Ich möchte Sie jetzt zuerst fragen: Welches Anliegen lag „Communionis notio" zugrunde? Welche Rückwirkung hat es auf die Leitung der Kirche gehabt? Und wie wirkt es sich auf das tägliche Leben der katholischen Gläubigen aus?

Anschließend habe ich noch eine Frage zur Erklärung „Dominus Iesus": In dieser unterstrich der Hl. Stuhl, dass es keinen anderen Erlöser als Jesus Christus und keine andere Kirche als die katholische gibt. Das wurde von vielen Seiten als Geringschätzung anderer Religionen und anderer christlicher Konfessionen gedeutet. Welche Gründe hatte die Kongregation für die Veröffentlichung dieses Dokumentes?

Die Tatsache, dass unzählige Männer und Frauen Christus nicht kennen, führte in einigen katholischen Kreisen, die sich auf die Gewissheit eines universalen göttlichen Heilswillens stützten, zu einem theologischen und pastoralen Verständnis, in dem ein religiöser Pluralismus nicht nur in der Praxis, sondern auch rechtlich vertreten wurde. Das heißt, alle Religionen wären mehr oder minder vollkommene Wege zum Heil. Diese Auffassung des religiösen Pluralismus kam und kommt auf verschiedene Weise zum Ausdruck.

Angesichts dieser Situation, welche die wesentlich missionarische Dimension der Kirche verdunkelt oder sogar beseitigt, haben schon Paul VI. und in der Folge Johannes Paul II. mit dem Apostolischen Schreiben *Evangelii nuntiandi* (1975) und mit der Enzyklika *Redemptoris missio* (1990) reagiert. Darüber hinaus hielt Johannes Paul II. es für notwendig, dass die Glaubenskongregation in dieser Angelegenheit mit Nachdruck insistierte. Es ging gleichzeitig darum, auf kohärente Weise festzuhalten, dass nur in Christus Erlösung gefunden werden kann und dass der göttliche Heilswillen universal ist. Das bringt mit sich, dass die positiven Elemente natürlicher Gottverbundenheit als *praeambula fidei* zu verstehen sind und subjektiv geneigt machen können, die Gnade von Christus zu empfangen, dass aber diese Gnade nicht durch die nichtchristlichen Religionen empfangen wird, sondern immer durch Christus und die Kirche in einer Weise, die wir in ihrer konkreten Form nicht kennen.

Das ist der Glaube der Kirche von Anfang an, wie es auch die Hl. Schrift bezeugt. In der Apostelgeschichte lesen wir, dass Petrus vor den Anführern Israels erklärte, dass Jesus Christus von Nazareth der *Eckstein* ist, und er fügte hinzu: *In keinem anderen ist das Heil zu finden. Denn es ist uns Menschen kein anderer Name unter dem Himmel gegeben, durch den wir gerettet werden sollen* (Apg 4,10-12).

Zu sagen, dass nur Christus rettet, ist keine intolerante Haltung. Intolerant wäre es, wenn jemand beabsichtigte, den christlichen Glauben mit Gewalt anderen aufzuzwingen. Ihn aber bekannt zu machen, verbunden mit der Einladung, ihn anzunehmen, ist völlig legitim und steht in Einklang sowohl mit der Religionsfreiheit als auch mit dem Recht, die Wahrheit zu suchen und zu finden.

Gleichzeitig steht außer Frage, dass niemand nur aus seinem Willen heraus oder aufgrund einer Einladung durch einen anderen Menschen zum Glauben gelangt: Der Glaube ist ein unentgeltliches Geschenk, das allein Gott geben kann und dem sich der Einzelne von sich aus aus freien Stücken öffnen muss.

In der Erklärung „Dominus Iesus" heißt es auch, dass das Heilshandeln Christi nur in der katholischen Kirche in vollkommener Weise gegeben ist. Wie kann man das verstehen? Wird da nicht die ökumenische Bemühung zunichte gemacht?

Mit dieser Erklärung sollte festgehalten werden, dass die Kirche Christi in der katholischen Kirche besteht. Zugleich sollten Elemente von Wahrheit und Gnade, die in nichtkatholischen christlichen Gemeinschaften vorhanden sind, anerkannt werden. Diese Gemeinschaften besitzen einen Heilswert, zwar nicht in vollem Umfang, sondern nur in dem Maße als sie katholische Elemente bewahrt haben (die Taufe, einige auch die Eucharistie und die Priesterweihe) und nicht aufgrund anderer Elemente, die nicht aus der katholischen Kirche stammen. Christus hat eine einzige Kirche eingesetzt – *seine Kirche* – welche fortbesteht und fortlebt in der vom Nachfolger Petri geleiteten Kirche und den mit ihm in Einheit stehenden Bischöfen. Die Glieder der anderen christlichen Gemeinschaften stehen in unvollkommener Einheit mit dieser einzigen Kirche, aufgrund der Bande der Taufe und mitunter der Eucharistie. Die nichtkatholischen Gemeinschaften, die einen Episkopat und eine gültige Eucharistie bewahrt haben, wie dies bei den orthodoxen Kirchen der Fall ist, werden als Teilkirchen betrachtet. Sie sind Teil der einzigen Kirche Christi – der katholischen – befinden sich aber in einer irregulären theologischen und juridischen Situation aufgrund ihrer unvollkommenen Einheit – und dies nicht nur in disziplinärer Hinsicht – mit der universellen Kirche und ihrem sichtbaren Haupt, dem Römischen Pontifex. Es handelt sich in diesen Fällen, wie dies im Schreiben *Communionis notio* ausgedrückt wird, um eine *verwundete* Kirchlichkeit.

Diese Lehre erneut zu bestätigen, stellt kein Hindernis für die Ökumene dar, sondern ganz im Gegenteil: Sie fördert sie sogar. Wäre die Kirche Christi nicht eine einzige, dann hätte es keinen Sinn, die Einheit zu suchen (genauer gesagt: die *Wiedervereinigung*, denn ursprünglich gab es keine Trennung). Außerdem würde ein Verschweigen wesentlicher Aspekte der katholischen Lehre von vorn herein den ökumenischen Dialog zum Scheitern verurteilen.

Ein anderer schwieriger Fall, dessen sich die Glaubenskongregation angenommen hat, ist die Bemühung um die Wiederaufnahme der Priesterbruderschaft Pius X. – also auf Lefebvre zurückgehenden Traditionalisten – in die volle Gemeinschaft mit der katholischen Kirche. Es sollte niemanden verwundern, dass die Kirche die Wiedervereinigung mit jenen sucht, die sich von ihr abgetrennt haben, denn dies ist Teil ihrer Sendung. Die Kirche führt auch einen geduldigen und sehr langwierigen ökumenischen Dialog mit Orthodoxen, Anglikanern und Protestanten, obwohl sich die Zeit der Trennung schon über Jahrhunderte erstreckt. Den freundschaftlichen Gesten gegenüber diesen Christen wird in der öffentlichen Meinung Beifall gezollt, während die Bemühungen darum klarzustellen, dass sich der katholische Glaube in dem einen oder anderen entscheidenden Punkt unterscheidet, weniger auf Gegenliebe stoßen.

Mit den Lefebvrianern geschieht das Gegenteil. Die Initiativen zur Annäherung an diese waren für Benedikt XVI. persönlich von Nachteil. Als er die Exkommunikation der von Bischof Lefebvre unrechtmäßig geweihten Bischöfe aufhob, musste er feststellen, dass es offensichtlich Gruppierungen gibt, gegenüber welchen keine Toleranz geübt werden darf. Bereits Johannes Paul II. erlebte den Tadel der „Toleranten“ am eigenen Leibe, als er die Messfeier gemäß jener Liturgie gestattete, die vor dem II. Vatikanischen Konzil üblich war, sofern eine Gruppe von Gläubigen darum ansucht. Dasselbe widerfuhr Benedikt XVI., als er diese Möglichkeit ausweitete, indem er die Texte des Missale Romanum von Paul VI. und jene, die der letzten Ausgabe von Johannes XXIII. zugrunde liegen, als zwei Formen des römischen Ritus – die ordentliche und die außerordentliche – bezeichnete.

Ich rufe in Erinnerung, dass Erzbischof Marcel Lefebvre vorerst das II. Vatikanum akzeptiert hatte, wenn er auch nicht mit allem einverstanden war (insbesondere nicht mit der Erklärung über die Religionsfreiheit). Später ging er aber dazu über zu behaupten, das Konzil habe sich vom katholischen Glauben abgewandt. Das war eine grundsätzliche, die katholische Lehre betreffende Frage. Darüber hinaus gab es eine andere, mehr allgemeine und gefühlsmäßige Angelegenheit: Lefebvre und seine Gefolgsleute ließen auch keine Liturgiereform zu und beharrten auf der Notwendigkeit, die Messe nach dem traditionellen Ritus zu feiern.

Diese Angelegenheit haben Johannes Paul II. und Benedikt XVI. inzwischen gelöst. Dessen ungeachtet bleibt die Frage der Lehre offen, die Gegenstand ausführlicher Gespräche zwischen der Bruderschaft und dem Hl. Stuhl gewesen ist. Auch wenn die Fragen der Lehre gelöst werden, bleibt abzuwarten, auf welche Weise die Integration vollzogen werden wird.

In diesem Zusammenhang wurde angedacht, für die Lefebvrianer eine eigene Personalprälatur zu errichten. Diese kirchliche Rechtsform wurde vom II. Vatikanischen Konzil geschaffen und bislang nur in einem Fall angewandt, nämlich beim Opus Dei. Glauben Sie, dass das eine gute Lösung wäre?

Wie man weiß – denn es wurde unter anderen auch in den Kommunikationsmedien verbreitet – hat der Hl. Stuhl dem Generaloberen der Bruderschaft, Bischof Bernard Fellay, den Vorschlag gemacht, eine Deklaration mit dem Titel *Praeambula doctrinalis* zu akzeptieren. Diese wäre Ausdruck eines für die vollständige Einheit mit dem Glauben der Kirche notwendigen minimalen Konsenses gewesen. Der Text dieser „Präambel“ wurde nicht öffentlich gemacht, da er weiterhin Gegenstand der Begutachtung und des Dialoges ist. Sobald die Diskrepanzen in Bezug auf die Lehre gelöst sind, wird es notwendig sein, der Bruderschaft eine rechtliche Struktur zu geben.

Der Hl. Stuhl hat in diesem Zusammenhang eine Personalprälatur vorgesehen und dies wäre tatsächlich eine gute Lösung. Die Bruderschaft entstand und entwickelte sich zunächst wie eine Gesellschaft des apostolischen Lebens, die nur aus Priestern besteht. Allerdings wandelte sie sich Schritt für Schritt, insofern sie *de facto* zahlreiche Laien inkorporierte, welche von den Priestern der Bruderschaft pastoral betreut werden. Sie erbitten von diesen Priestern die Verkündigung des Evangeliums und die Erteilung der Sakramente im Einklang mit der Tradition der Kirche, was sie nirgendwo anders zu finden meinen. Angesichts der Existenz hunderter Priester und mehrerer tausend Gläubigen in verschiedenen Ländern der Welt wäre die Personalprälatur eine passende Lösung für dieses Phänomen. Sie ist zusammengesetzt aus einem Prälaten als Ordinarius, einer Priesterschaft und gläubigen Laien und bildet somit eine hierarchische Struktur mit säkularer, ordentlicher Jurisdiktion, aber keine eigene Teilkirche. Deshalb bleiben die Gläubigen einer Prälatur zugleich Gläubige ihrer Heimatdiözesen. Diese Rechtsform sehe ich als eine gute Lösung an, weil sie der aktuellen Wirklichkeit der Bruderschaft entsprechen würde.

Wie würde sich diese neue Personalprälatur vom Opus Dei unterscheiden?

Die kanonische Gestalt der Personalprälatur lässt im Rahmen dieser allgemeinen, gerade erwähnten Charakteristiken viele verschiedene Varianten zu und lässt sich den unterschiedlichen pastoralen Zielsetzungen anpassen, für welche der Hl. Stuhl sie errichtet. Diese Unterschiede lassen sich an den Statuten ablesen, welche der Hl. Stuhl bei der Errichtung einer Prälatur erlässt.

Wodurch würde sich nun die neue Prälatur vom Opus Dei unterscheiden? Vor allem durch die Zielsetzung: Die Ziele der

Prälatur Opus Dei bestehen in der Bekanntmachung und Verbreitung der allgemeinen Berufung zur Heiligkeit durch die Heiligung der Arbeit und die Heiligung der anderen Gegebenheiten des gewöhnlichen Lebens. In diesem Zusammenhang bietet das Opus Dei die dafür erforderliche *spezifische pastorale* Betreuung der in die Prälatur eingegliederten Gläubigen durch den Prälaten und seine Priesterschaft an. Das Ziel einer Prälatur im Zusammenhang mit der Priesterbruderschaft Pius X. wäre eine *allgemeine Pastoral*, die bestimmten traditionellen Werten jener Gläubigen, die sich in diese Prälatur eingliedern, entspricht. Im Opus Dei erhalten die Gläubigen eine pastorale Betreuung, in der, abgesehen von Elementen allgemeiner Pastoral (Eucharistie, Bußsakrament etc.), noch weitere Elemente vorhanden sind, an welchen die übrigen Katholiken nicht notwendigerweise teilhaben müssen. Es sind dies beispielsweise eine persönliche geistliche Begleitung oder diverse theologische Kurse. Die Gläubigen einer Prälatur, die für die Bruderschaft Pius X. errichtet werden würde, erhielten von dieser Institution lediglich die allgemeine pastorale Betreuung. Im Übrigen gäbe es natürlich, abgesehen von den spirituellen Aspekten, zwischen dem Opus Dei und der neuen Personalprälatur auch noch organisatorische Unterschiede.

Im Juni 2012 wurden einige Erklärungen von Bischof Fellay veröffentlicht. In diesen meinte er, dass – für den Fall, dass die Bruderschaft in eine Personalprälatur umgewandelt würde – ihre Beziehung zu den Diözesanbischöfen jedenfalls eine andere sein müsste als jene des Opus Dei[14]*. Wie gestaltet sich diese Beziehung des Opus Dei zu den Diözesanbischöfen?*

[14] Vgl. „Entretien avec Mgr Bernard Fellay sur les relations de la Fraternité Saint-Pie X avec Rome", DICI Nr. 256 (8.06.2012), 2-6.

Der hl. Josefmaria fasste diese Beziehung in folgendem Bild zusammen: *Wir ziehen den Karren in dieselbe Richtung wie der Bischof.* Das ganze Tun des Opus Dei besteht darin, seinen Gläubigen – die immer auch Mitglieder ihrer jeweiligen Diözesen sind – sowie sehr vielen anderen Personen, die dies wünschen, christliche Bildung zu vermitteln und pastorale Betreuung zukommen zu lassen. Die Frucht dieser Arbeit verbleibt also innerhalb der Diözese.

Der Gründer des Werkes wollte – und der Hl. Stuhl hat es in den Statuten für die Prälatur so festgeschrieben – dass der jeweilige Diözesanbischof die erforderliche Bewilligung zu erteilen habe, bevor das Opus Dei mit einer auf Dauer angelegten Tätigkeit in einer Diözese beginnt. Außerdem sind häufige Kontakte mit den Hirten der Ortskirchen vorgesehen, in denen diese über die Aktivitäten der Prälatur und über ihre pastoralen Projekte informiert werden und die Bischöfe auf diese Weise Unterstützung erfahren. Darüber hinaus arbeiten die Priester der Prälatur auf bischöflichen Wunsch hin im Rahmen des Möglichen unmittelbar in diözesanen Aufgabengebieten mit (als Professoren in Seminarien, als Pfarrpriester oder Pfarrvikare, als Beauftragte in verschiedenen Gremien und Diözesangerichten etc.). Tatsächlich geschieht dies in vielen Diözesen, obwohl es nicht immer möglich ist, alle Anliegen der Bischöfe umzusetzen.

3

GLAUBE UND VERNUNFT

„Fides et ratio" und nicht „fides versus rationem" … Dass ein Papst den Glauben verteidigt, ist nicht weiter verwunderlich. Dass er aber als Anwalt der Vernunft auftritt, mag überraschen. Johannes Paul II. stellte klar, dass der Glaube ohne Vernunft keine Wurzeln hat. „Es ist illusorisch zu meinen" warnte er, „angesichts einer schwachen Vernunft besitze der Glaube größere Überzeugungskraft; im Gegenteil, er gerät in die ernsthafte Gefahr, auf Mythos oder Aberglauben verkürzt zu werden" (Fides et Ratio, 48). Dieser Zusammenhang wurde auch schon vom hl. Augustinus, den der Papst in dieser Enzyklika zitiert, dargestellt: „Jeder, der glaubt, denkt; wenn er glaubt, denkt er, und wenn er denkt, glaubt er […]. Wenn der Glaube nicht gedacht wird, ist er nichts."

In vielen Bereichen der westlichen Welt zeigt sich eine Glaubenskrise. In Wirklichkeit ist es aber die Vernunft, die in einer Krise steckt. Dies ist die Diagnose von Benedikt XVI. und seiner Vorgänger. Der menschliche Verstand hat innerhalb der Naturwissenschaften erstaunliche Leistungen erbracht, doch dabei hat sich das Modell einer einseitigen, auf das Messbare beschränkten Rationalität allenthalben durchgesetzt.

Wenn der menschliche Verstand, wie es das zeitgenössische sogenannte „schwache Denken" der Postmoderne und dessen philosophische Ahnen zumindest seit dem 18. Jahrhundert versichern, tatsächlich unfähig ist, die Schwelle der Sinne zu überschreiten, dann haben wir nicht – wie Kant es beabsichtigte – „dem Glauben einen Raum" geöffnet. Vielmehr haben wir in einem solchen Fall das gesamte Feld – angefangen von der Frage nach dem Sinn des Lebens über die Fragen nach den letzten Dingen bis hin zur Ethik – dem Aberglauben oder den Gefühlen überlassen.

Doch auch wenn die Schüler Nietzsches für ihre Predigten über den Abschied von Wahrheit und Vernunft viel Applaus erhalten haben – sie fanden dennoch wenige echte Nachfolger. Die wenigsten Menschen wollen sie bis ans Ende ihrer Reise begleiten. Wer ist beispielsweise schon wirklich dazu bereit, den gesunden Menschenverstand aufzugeben und das Gewissen zu knebeln, um dann tatsächlich unter Bejahung aller damit zusammenhängenden Konsequenzen zu behaupten, es gäbe keine Moral?

Da Sie sowohl Naturwissenschaftler als auch Theologe sind, sind Ihnen die Spannungen und Reibungspunkte zwischen Wissenschaft und Glaube sicher bekannt. Sehen Sie in diesem Zusammenhang eher Konflikte und Brüche oder vertragen sich die beiden Bereiche? Harmonieren sie vielleicht sogar miteinander? Wie sehen Sie das und haben Sie dazu persönliche Erfahrungen?

Es gibt objektiv betrachtet keine Spannung zwischen Wissenschaft und Glauben bzw. zwischen Vernunft und Glauben. Eine solche Spannung ist zwar denkbar und sie existiert tatsächlich auch des Öfteren, allerdings nur in einem subjektiven Bereich – und zwar sowohl bei gläubigen als auch bei nichtgläubigen Menschen. Üblicherweise wird argumentiert, dass es insofern keinen Widerspruch zwischen Vernunft und Glauben geben kann, als ja beide von Gott stammen, der sich nicht widersprechen kann. Diese Aussage ist zweifellos richtig, lässt sich aber nur aus dem Glauben heraus so erfassen. Mir ist es aber wichtig, deutlich zu machen, dass sich Vernunft und Glaube auf zwei unterschiedlichen Ebenen befinden, die objektiv in jedem Menschen und subjektiv im Verstand jedes Gläubigen miteinander kommunizieren.

Wenn ich einen aktuellen und bekannten Fall anführen darf, so kann man diese unterschiedlichen Ebenen bei der Entdeckung des Higgs-Teilchens nachvollziehen. Dieses wird allgemein als „Gottesteilchen" bezeichnet, was natürlich nur eine Redeweise ist. Das Teilchen ist jedenfalls die Voraussetzung dafür, dass andere eine Masse haben, wodurch sich erst ein Universum formen konnte, in dem Leben entstand. Mit diesem Teilchen kann aber nicht die Schöpfung an sich, sondern nur die grundsätzliche Struktur der geschaffenen materiellen Wirklichkeit erklärt werden.

Die Physik untersucht die Eigenschaften von Materie und Energie, trifft aber keine Aussagen über die eigentliche Existenz von Materie und Energie. Sie kann erforschen, wie Materie aus Materie entsteht – zum Beispiel wie Sterne in einer bestimmten Region des

Universums durch große Wasserstoffanhäufungen entstehen. Aber die Frage nach dem Ursprung aller materiellen Realität liegt außerhalb ihres Gegenstandsbereiches. Die Schöpfung befindet sich auf einer anderen Ebene, die nur der Philosophie und dem Glauben – jeweils auf spezifische Weise – zugänglich ist.

Aber diese beiden Ebenen treffen sich, wie ich eingangs sagte, in der Realität und im Verstand des Gläubigen. Daher fordert der Glaube, dass man den Verstand schult, wozu auch das mühselige und nie endende Streben nach der Ergründung der Natur gehört. Johannes Paul II. meinte diesbezüglich in seiner Enzyklika *Fides et Ratio* (Nr. 66): „Daher muss die Vernunft des Gläubigen eine natürliche, wahre und stimmige Kenntnis der geschaffenen Dinge, der Welt und des Menschen besitzen, die auch Gegenstand der göttlichen Offenbarung sind." Das scheint mir besonders wichtig zu sein, damit nämlich die Existenz Gottes, die Geistigkeit und Unsterblichkeit der Seele sowie die Forderungen der Naturgesetze nicht so dargestellt werden, als wären sie lediglich Glaubensangelegenheiten und nicht auch Fragen der Vernunft.

Natürlich gibt es besondere Fragestellungen, in denen ein vermeintlicher Widerspruch zwischen dem, was der Glaube lehrt, und dem, was die Wissenschaft versichert, erkennbar wird. Meine Erfahrung zeigte mir aber stets, dass diese scheinbaren Gegensätze auf Missverständnisse bei der Verwendung der Begriffe zurückzuführen sind.

Ein Beispiel dafür ist die wiederholt kolportierte Unvereinbarkeit von Schöpfung und Evolution, so als würde die Tatsache, dass Lebewesen von anderen abstammen, es überflüssig machen, an einen göttlichen Schöpfer dieser Lebewesen zu glauben.

Diese These wird zurzeit von einigen Wissenschaftlern wie Richard Dawkins, die sich in unwissenschaftlicher Weise grenzüberschreitend auf das Gebiet der Philosophie und der Theologie vorgewagt haben, stark in der Öffentlichkeit verbreitet. Dabei wissen manche dieser Wissenschaftler über die Inhalte und Methoden der Theologie gar nicht oder nur oberflächlich Bescheid, wie Giberson und Artigas anschaulich zeigten.[15] Unter anderem verkennt diese These, dass die Schöpfung eine aktuelle und immerwährende Gegebenheit ist und nicht nur und nicht in erster Linie einen zeitlich absoluten Anfangspunkt darstellt. Die Tatsache, erschaffen zu sein, bedeutet, dass das Geschöpf in jedem Moment das von Gott, dem Absoluten, mitgeteilte Sein besitzt – mit oder ohne Evolution.

Der hl. Josefmaria hat die Haltung des Christen zu den Wissenschaften in einer Predigt zusammengefasst, die in seinem Buch „Christus begegnen" publiziert wurde. In dieser Predigt sagte er unter anderem (Nr. 10): *Wir dürfen keine Angst vor der Wissenschaft haben, denn jede wirklich wissenschaftliche Arbeit strebt nach der Wahrheit. Und Christus hat gesagt: Ego sum veritas. Ich bin die Wahrheit.*

Bisher ging es um Vernunft und Glaube. Benedikt XVI. betonte aber auch, dass die Annahme des christlichen Glaubens nicht einfach darin besteht, eine Lehre zu unterschreiben, sondern vielmehr darin, jemandem zu folgen: Christus, der im Leben eines Menschen plötzlich auftaucht. Benedikt XVI. formulierte es am Beginn seiner ersten Enzyklika „Deus caritas est" (Nr. 1) auf folgende Weise: „Am Anfang des Christseins steht nicht ein ethischer Entschluss oder eine große Idee, sondern die Begegnung mit einem Ereignis, mit einer Person, die unserem Leben einen neuen Horizont und damit seine entscheidende Richtung gibt." Man kann es so verstehen: Der Verstand ist in diesem Augenblick der Gnade natürlich nicht abwesend, er nimmt daran teil und empfängt das Geschenk, das ihm zugedacht war – die Wahrheit nämlich, zu der er allein nicht hätte gelangen können. Der Verstand zusammen mit der Freiheit, der Mensch in seiner Gesamtheit, antwortet auf die Einladung Gottes.

[15] Karl Giberson – Mariano Artigas, *Oracles of Science*, Oxford, Oxford University Press, 2007.

Wie kommt es nun aber zu einer solchen Begegnung, und wie kann man sie bei den Menschen von heute fördern?

Die Begegnungen mit Gott ereignen sich auf verschiedene Art und Weise. Manchmal zeigt sich der Herr plötzlich und ganz klar völlig unerwartet durch ein besonderes Ereignis, wie so manche plötzliche Bekehrungen belegen. Aber für gewöhnlich muss man Christus schon aktiv suchen – vor allem im Evangelium und in der Eucharistie. In jedem Fall jedoch ist das persönliche Zeugnis der Christen für die Begegnung mit Jesus von herausragender Bedeutung. Dies gilt für die Menschen von heute ebenso wie für jene vergangener Zeiten. Ein von passenden Worten begleitetes Zeugnis eines kohärenten Lebens macht deutlich, dass es nichts Größeres als die Begegnung mit Gott in Jesus Christus, den Umgang mit Ihm und die Liebe zu Ihm gibt. Ich denke an eine Predigt des hl. Josefmaria mit dem Titel *Die Gegenwart Christi in den Christen.*[16] Christus möchte sich der Welt ja gerade durch unser Leben zeigen. Der Apostel Judas Thaddäus stellte Jesus jene Frage, die wir uns sicher auch schon einmal gestellt haben: *Herr, warum willst du dich nur uns offenbaren und nicht der Welt?* Darauf antwortete Jesus: *Wenn jemand mich liebt, wird er an meinem Wort festhalten; mein Vater wird ihn lieben und wir werden zu ihm kommen und bei ihm wohnen* (Joh 14,22-23).

Gerade wir als Jünger sind jene, die – trotz unserer Begrenztheit und unseres Elends – die Botschaft Gottes verkünden können und müssen, damit auch anderen das Wunder der Begegnung mit Ihm zuteil wird.

Ein einfaches Mittel, um Jesus kennenzulernen, scheint die Lektüre der Evangelien zu sein. Allerdings wird der Leser von heute möglicherweise vernehmen, dass die moderne Kritik die Geheimnisse und

---

[16] Veröffentlicht in Josefmaria Escrivá, *Christus begegnen,* Nr. 102-116.

Wunder der Evangelien weitgehend entzaubert hätte. Sie würden sich auf natürliche Weise erklären lassen oder seien auf Konstrukte der Jünger zurückzuführen. Andererseits könnte man durch die Lektüre einer bestimmten Art von Populärliteratur meinen, im Evangelium seien noch viel zahlreichere Geheimnisse enthalten und die Kirche bemühe sich darum, die wahre Geschichte zu verschleiern, zu der manche Autoren andere Versionen vorlegen.

Auf welche Weise sollte man sich Ihrer Meinung nach den Evangelien nähern?

Die moderne Kritik ist keineswegs einheitlich, insofern es große Unterschiede in den Hypothesen verschiedener Forscher gibt. Ein Ratschlag zur Annäherung an das Evangelium muss natürlich die Umstände jener Person berücksichtigen, an die der Rat ergeht. Unabhängig davon kann der grundsätzliche Rat für einen Gläubigen nur lauten, den Glauben daran zu erneuern, dass das Evangelium wirklich das Wort Gottes ist. Dies bedeutet, dass es sich um einen unter göttlicher Eingebung verfassten Text handelt, der tatsächliche Ereignisse wahrheitsgetreu schildert. Die Evangelien sind die unter göttlicher Inspiration schriftlich festgehaltenen Predigten der Apostel. Deshalb wird den Gläubigen empfohlen, unabhängig von ihrem Wissensstand die Evangelien zu lesen und dabei um die Erleuchtung durch jenen Heiligen Geist zu bitten, der die Autoren dieser Texte inspirierte. Auf diese Weise kommt man zu einer angemessenen Einstellung gegenüber der Hl. Schrift als das, was sie tatsächlich ist: das Wort, das eine Antwort sucht, und zwar eine Antwort des Glaubens, eines Glaubens, der sich in Taten erweist. Man muss sich persönlich angesprochen fühlen, oder – wie der hl. Josefmaria empfahl – sich in die Szenen des Evangeliums hinein versetzen, *als ob ihr eine der anwesenden Personen wäret*[17].

[17] Josefmaria Escrivá, *Freunde Gottes,* Köln, Adamas, 1980^2, Nr. 222.

Auf der anderen Seite bestätigen die Ergebnisse der ernsthaften wissenschaftlichen Exegese im Wesentlichen die Geschichtlichkeit und Richtigkeit der Evangelien. In diesem Zusammenhang sind die drei Bände Benedikts XVI. *Jesus von Nazareth* besonders hervorzuheben.

Die Glaubenskrise ist kein weltweites Phänomen. Und selbst in der westlichen Welt gibt es mit den Vereinigten Staaten eine bemerkenswerte Ausnahme. Auch in Europa selbst lässt sich eine gewisse Erneuerung des Glaubens erkennen. Die Situation lässt sich in kein Schema pressen. Vor allem haben sich Vorhersagen im Rahmen der verbreiteten Säkularisierungstheorie nicht erfüllt, wonach die Religion mit dem Fortschritt der Moderne unwiderruflich zurückgedrängt würde.

Einer der wichtigsten Vertreter dieser Theorie, der in Wien geborene US-amerikanische Soziologe Peter Berger, hat seine Meinung diesbezüglich fundamental geändert. Er gibt nun offen zu, sich in dieser Hinsicht geirrt zu haben. Er meint heute, dass der Fortschritt der Moderne die Religion nicht notwendigerweise verdrängen muss – wie er früher dachte – dass aber die Religion modifiziert wird. Traditionelle Formen der Religiosität geraten in eine Krise, während neue Formen von Religiosität auftreten. Berger hielt ursprünglich die Krise der Religion für einen reinen Rückzug derselben, merkte aber nicht, dass sie auch von einer Erneuerung begleitet wurde.[18]

Denken Sie, dass die Säkularisierung ein spezifisch europäisches Phänomen darstellt? Halten Sie sie für umkehrbar bzw. sehen Sie die Möglichkeit, dass der Glaube einmal wieder jenen Stellenwert zurückerhält, den er einst auf unserem Kontinent hatte?

Die Säkularisierung ist nicht nur in Europa anzutreffen, obwohl sie vor allem Europa betrifft. In jedem Fall ist bisweilen ein Irrtum zu beobachten. Dieser besteht darin zu meinen, dass

[18] Vgl. Peter L. BERGER, „Secularization Falsified", *First Things,* Nr. 180 (Feb. 2008), 23-28.

unterschiedliche historische Strömungen in der Gegenwart zusammenfließen und Ereignisse in der Vergangenheit retrospektiv als Etappen auf dem Weg hin zu einem Zustand gedeutet werden, der sich nun in der Gegenwart verwirklicht. Mir scheint, dass die meisten Säkularisierungs-Theorien diesem Fehler verfallen sind. Deren Vertreter meinten einen linear verlaufenden Prozess zu erkennen, im Zuge dessen es zum Rückzug der Religion aus dem öffentlichen Leben und zur Schwächung des Glaubens und der Religionsausübung kam. In einigen Fällen wurde dieser in Europa erkennbare Prozess generalisierend als Gesetzmäßigkeit der Moderne interpretiert.

Nichtsdestotrotz hat die Geschichte schon viele überraschende Wendungen genommen. Sie ist eben nicht linear. Auch in der Zeit vor der Aufklärung lässt sich für Europa – obwohl man die Bewegungen der Aufklärung nicht präzise bestimmen kann, sei hier der Begriff, so wie er allgemein verstanden wird, verwendet – ein Glaubensverlust erkennen. Es gab Krisen im Hochmittelalter, im 14. Jahrhundert, in der Renaissance. Und es gab auch Aufschwung beispielsweise zur Zeit der gregorianischen Reform, im 13. Jahrhundert und in den katholischen Ländern in der Folge des Konzils von Trient. Die säkularisierenden Tendenzen wurden mit der Aufklärung deutlich, sind aber weder ihre einzige Auswirkung noch die einzig aktive Kraft der Modernisierung. Natürlich bleibt das Panorama komplex. In besseren Zeiten blieben Irrtümer und beklagenswerte Verhaltensweisen bestehen, wie es aber auch in schlechten Zeiten nie an außergewöhnlichen Beispielen von Heiligkeit fehlte.

Daher kann man nicht prinzipiell ausschließen, dass der Glaube jenen Platz, den er in Europa einst einnahm, wieder zurück gewinnen kann, obwohl man bei einer solchen Aussage auch klar stellen muss, was man unter „Platz“ versteht und auf welche Zeit man die Aussage bezieht. Zweifellos besteht die auf Glauben gegründete Möglichkeit, dass sich Europa und die ganze Welt wieder mit dem

Geist des Evangeliums erfüllen. Dies muss aber nicht unbedingt eine bestimmte Beziehung zwischen Kirche und Staat implizieren. Die institutionelle Frage sollte nicht mit jener nach der Lebendigkeit des Glaubens der Menschen in der Gesellschaft verwechselt werden.

Wenn wir die Lebendigkeit des Glaubens in einer globalen Perspektive betrachten, wird deutlich, dass die Religion nicht im Todeskampf liegt – im Gegenteil! Auch wenn unsere Zeit in einigen Aspekten weniger religiös sein mag als andere, taucht der Gottesgedanke mit zäher Hartnäckigkeit immer wieder und überall auf. Tatsächlich hielten es einige atheistische Intellektuelle in der westlichen Welt (Dawkins, Hitchens, Dennett, Onfray) in letzter Zeit für notwendig, sozusagen in die Arena herunter zu steigen und mit schweren Geschützen gegen die Religion zu polemisieren bzw. apologetisch den Atheismus zu verteidigen. Aus welchem Grund reagiert Ihrer Meinung nach der Atheismus auf diese Weise?

Ich kenne die persönlichen Beweggründe für diese Form des kämpferischen Atheismus nicht. Objektiv sind die vorgebrachten Argumente nicht schlüssig. Der kämpferische Atheismus ist das, was Marx den „negativen Atheismus" nannte, der (den geleugneten) Gott irgendwie braucht, um eine Identität des Menschen zu konstruieren. Diese Form des Atheismus sollte nach Marx einem „positiven Atheismus" Platz machen, der auf die Frage nach der Existenz Gottes vollkommen verzichtet. Eine solche Form des Atheismus würde dem religiösen Desinteresse von Einzelpersonen ähneln. Dennoch kann man der Frage nach dem letzten Sinn der eigenen Existenz nicht völlig ausweichen, und sie enthält zumindest implizit auch die Frage nach Gott.

Wie könnte die Frage nach Gott bei Agnostikern oder Atheisten geweckt werden? Was würden Sie ihnen sagen?

Die Menschen sind sehr unterschiedlich und ebenso die Beweggründe für ihre Haltung gegenüber Gott. Generell wäre es wahrscheinlich naheliegend, ihnen klar zu machen, dass es angesichts unserer Geschichte und Gegenwart nicht nur vernünftig ist, nach der Existenz Gottes zu fragen, sondern für jeden einzelnen von uns auch entscheidend und dass darüber hinaus die Existenz Gottes nicht davon abhängt, ob jemand sie akzeptiert oder nicht.

Danach könnte man verschiedene Wege gehen. Grundsätzlich ist eine Diskussion weniger wirkungsvoll als das Teilhabenlassen an eigenen Erfahrungen. Außerdem kann es helfen, zuerst jene Fragen gemeinsam zu erörtern, in denen es Übereinstimmung gibt. Davon ausgehend kann sich ein aufrichtiger Dialog entwickeln. So könnte man zum Beispiel am weit verbreiteten Bewusstsein über die Menschenrechte ansetzen. Es wird nicht schwierig sein, die Einsicht zu vermitteln, dass das Konzept von Menschenrechten keinen Sinn macht, wenn wir absolute Werte – und damit in letzter Instanz Gott – nicht anerkennen. Das gesamte Recht wäre nicht mehr als – wie Marx in dem bereits erwähnten Text meinte – schmückendes Beiwerk der Macht.

Mir scheint, dass es viele Möglichkeiten gibt, den Glauben in kirchenfernen Kreisen zur Sprache zu bringen, ohne sich auf die Anziehungskraft des Glaubens selbst zu beziehen, indem man zum Beispiel mit den positiven, aus dem Glauben resultierenden Konsequenzen argumentiert. Ich denke zum Beispiel an die Großzügigkeit so vieler Christen, die aus dem Glauben heraus einen in manchen Fällen heldenhaften Dienst für Notleidende geleistet haben oder leisten. Auch das alltägliche – und nichtsdestotrotz heldenhafte – Leben christlicher Eltern ließe sich hier anführen oder aber das Leben von großen Wissenschaftlern, die gläubige Menschen waren, etc.

Manchmal wird es möglich oder sogar notwendig sein, die Existenz Gottes von einem philosophischen – genauer gesagt metaphysischen – Standpunkt aus zu erörtern. Dafür muss freilich bisweilen zuerst der Boden bereitet werden. Bevor Argumente über die Existenz Gottes diskutiert werden, sollte man grundlegendere Fragen geklärt haben – insbesondere, ob die menschliche Vernunft imstande ist, Realitäten zu erkennen, die nicht der Erfahrungswelt angehören bzw. die nicht mit den Sinnen oder Beobachtungsinstrumenten zu erfassen sind. Wenn man von einem Positivismus ausgeht, der dem Menschen eine solche Fähigkeit abspricht, kann die Frage nach der Existenz Gottes schon von vornherein nur grundsätzlich verneint werden. Daher kommt man in solchen Fällen selten dazu, das Thema philosophisch zu erörtern. Der Dialog endet schon, bevor man noch zur Kernfrage vorgedrungen ist. So wird es in vielen Fällen nötig sein, den Gesprächspartner dazu zu bringen, unhinterfragte Grundannahmen zu überprüfen. Dennoch zeigt man sich beispielsweise in den Neurowissenschaften und in der Biologie gegenüber Fragen der nichtempirischen Realitäten allmählich offener.[19]

Meiner Ansicht nach ist es die wichtigste Aufgabe, den gestorbenen und auferstandenen Christus zu verkünden, indem man – eingehend auf die Voraussetzungen des Gegenübers – von der historischen Wahrheit der Auferstehung spricht, die den maßgeblichen Beweis der Existenz Gottes darstellt. Früher oder später ist es erforderlich, das wahre Gesicht Jesu vorzustellen, um zu einer Vertiefung des christlichen Glaubens anzuregen.

Sie sprechen davon, „den Glauben zu vertiefen". Reicht es nicht, einfach schlicht zu glauben? Nicht jeder kann Theologe sein …

Darum geht es auch nicht. Es geht darum, dass wir wirkliche Gläubige sind. Die Notwendigkeit einer Vertiefung des Glaubens

[19] Vgl. René GIRARD im Gespräch mit Gianni VATTIMO, *Verità o fede debole?: dialogo su cristianesimo e relativismo,* Massa, Transeuropa, 2006.

resultiert aus dem Wesen unseres Glaubens, der als eine Dimension des Wissens – wenn es sich um einen lebendigen Glauben handelt – danach strebt, das Geglaubte zu verstehen. Das ist es, was ich zuvor meinte: Der Glaube ist in sich selbst *fides quaerens intellectum* (ein Glaube, der das Verstehen sucht). Jeder Christ, auch wenn er keine höheren theologischen Studien betrieben hat, kann seinen Glauben mit Hilfe von ihm potenziell zur Verfügung stehenden Informationen (die beispielsweise beim Hören von Predigten in der Hl. Messe am Sonntag oder durch das Lesen des Katechismus zugänglich sind) und durch das Gebet vertiefen. Andererseits könnte jemand zwar ein berühmter Wissenschaftler sein, gleichzeitig aber völlig unwissend im Glauben. Die Notwendigkeit, das Glaubenswissen zu vertiefen, wird im Sinne einer Einheit des Lebens, der inneren Kohärenz einer Person, verständlich. Durch eine solche kann das Auftauchen scheinbarer Unvereinbarkeiten zwischen Glauben und Wissenschaft, wie sie manche Intellektuelle sehen, vermieden oder zumindest gemindert werden.

Benedikt XVI. rief – um den Glauben zu vertiefen – ein Jahr des Glaubens aus, das im Oktober 2012 begann. Was kann man von diesem Jahr im Zusammenhang mit dem eben Besprochenen erwarten?

Es steht alles in dem apostolischen Schreiben *Porta fidei,* mit dem Benedikt XVI. dieses Jahr des Glaubens ausgerufen hat. Ein wünschenswertes Ergebnis wäre eine Stärkung des Glaubens der Katholiken. Dazu wäre erstens eine bessere Kenntnis der Inhalte des Glaubens notwendig. Daher auch die nachdrückliche Einladung Benedikts XVI., den *Katechismus der katholischen Kirche* zu studieren. Zweitens muss dieser Glaube in der Praxis und damit in seinen Auswirkungen auf alle Dimensionen des Lebens wachsen. Es geht darum, *den Glauben zu haben, der in der Liebe wirksam ist,* wie der hl. Paulus schrieb (Gal 5,6). Vor allem geht es um die Liebe, und zwar um die lebendige und konkrete Liebe zu Jesus in der

Eucharistie und in der Beichte. Daraus entspricht auch die herzliche Liebe im Dienst an den Nächsten, die notwendigerweise auch eine apostolische Verantwortung mit einschließt. Im *Katechismus* mit seinen vier Teilen finden wir nicht nur den von den Menschen bekannten Glauben, sondern auch den gefeierten, den gelebten und den betenden Glauben.

4

FREIHEIT

In seiner Analyse des Denkens und der Geisteshaltungen in der heutigen westlichen Welt fiel Joseph Ratzinger die hohe Wertschätzung von Freiheit und Menschenrechten auf. Auch der Fortschritt innerhalb der Naturwissenschaften und der Technik und nicht zuletzt Friede und Umweltschutz sind wichtige zeitgenössische Werte.

Ratzinger merkte an, dass die Macht der Technik unter keinem eindeutigen Vorzeichen stehe und auch ein Werkzeug der Zerstörung werden könne. Bei einigen Verfahren der Biotechnologie wurde begonnen, das Prinzip der Unverfügbarkeit des Menschen aufzugeben: Menschen am Anfang des Lebens werden in Laboratorien als Produkte angesehen. Die Genmanipulation öffnet Tür und Tor für eine neue Eugenik. Zugleich hat sich eine Auffassung des menschlichen Lebens durchgesetzt, die von Vernunft und Wahrheit losgelöst nur mehr an Methode und Empirie orientiert ist. Die Folge davon ist ein anthropologischer und moralischer Relativismus, der den Menschenrechten schließlich ihre Grundlagen entzieht. Aber auch die Freiheit wird dabei geopfert, denn ohne Rückbindung an eine moralische Wahrheit wird sie selbstzerstörerisch.

In seiner letzten Ansprache als Präfekt der Glaubenskongregation (Subiaco, 1. April 2005, einen Tag vor dem Tod Johannes Pauls II.) warnte Kardinal Ratzinger, dass eine Freiheit ohne Normen „unvermeidlich zu Widersprüchen führt; und es ist offensichtlich, dass sie gerade durch den Gebrauch, den man von ihr macht (ein Gebrauch, der radikal erscheint), Begrenzungen der Freiheit mit sich bringt, die wir uns eine Generation früher noch gar nicht haben vorstellen können". Die freie Meinungsäußerung und die Religionsfreiheit seien konkret dadurch bedroht, dass der Begriff der Diskriminierung immer weiter gefasst werde und das Diskriminierungsverbot schließlich eine Beschränkung darstelle. Ratzinger brachte folgendes Beispiel: „Bald wird man nicht mehr behaupten dürfen, dass die Homosexualität – wie die katholische Kirche es lehrt – eine objektive Unordnung im menschlichen Leben darstellt." Und zusammenfassend: „Eine konfuse Ideologie der Freiheit führt zu einem Dogmatismus, der sich der Freiheit gegenüber als immer feindlicher erweist."

Seit seiner Wahl bis zum Ende seines Pontifikats wies Benedikt XVI. wiederholt auf eine „Diktatur des Relativismus" hin, die letztlich eine Gefahr für die echte menschliche Freiheit darstelle. Wie ist dieser starke Ausdruck zu verstehen? Ist es nur eine provokante Redeweise oder steckt mehr dahinter?

Es steckt tatsächlich mehr dahinter: Der Relativismus behauptet nicht nur, alles sei relativ – eine Aussage, die in sich schon widersprüchlich ist – sondern er will den Begriff der Wahrheit auf das experimentell Beweisbare einschränken. In allem Übrigen, im eigentlich Menschlichen, soll es keine Wahrheit geben, nur Gefühle, Vorlieben, Ausrichtungen. Folglich verwandelt sich Freiheit in Beliebigkeit, in die Willkür der Macht – eine Diktatur – in den verschiedenen Bereichen gesellschaftlichen Lebens (Politik, Wirtschaft, Medien). Einen Aspekt hat Ratzinger dabei besonders hervorgehoben: Wenn ein Staat keine vorgegebenen absoluten Werte anerkennt – ganz konkret, wenn es sich um einen atheistischen Staat handelt – wird er als Rechtsstaat nicht fortdauern.[20] Die Anerkennung objektiver Wahrheiten, die unabhängig von der staatlichen Verfassung existieren, ist nicht nur vereinbar mit der Demokratie, sondern vielmehr gerade Garant ihrer Stabilität. Ein „vorsichtiger Relativismus" hingegen, der mit dem Anspruch auftritt, die gesellschaftlichen Unterschiede besser zu respektieren, beinhaltet in sich schon die Neigung zur Diktatur, weil es nun die Staatsgewalt ist, die festlegt, was als „Wahrheit" zu gelten hat.

Viele würden erwidern, dass diktatorische Tendenzen eher dort vorliegen, wo an Dogmen festgehalten wird. Jemand, der feste Überzeugungen hat, wird der Intoleranz verdächtigt, und jene, die seine Ideen nicht teilen, müssten befürchten, dass er der Versuchung unterliegt, sie ihnen aufzuzwingen. Wie lassen sich Freiheit, Toleranz und persönliche Überzeugungen im Rahmen einer demokratischen Gesellschaft miteinander verbinden?

---

[20] Joseph Ratzinger, *Kirche, Ökumene und Politik,* Johannes, 1987, 209.

Der Verdacht oder der Vorwurf der Intoleranz gegen jene, die feste Überzeugungen haben, ist typisch für die „Diktatur des Relativismus". Es zeigt sich darin die tiefe Krise eines großen Teils der westlichen Kultur: die Krise der Vernunft, im Zuge derer die Erkennbarkeit der Wahrheit und der Sinn der Existenz prinzipiell negiert werden. Der Begriff der Toleranz gilt häufig als Äquivalent für Respekt gegenüber den Meinungen und Handlungen anderer Personen und kann im Kontext des Relativismus mit Indifferenz gleichgesetzt werden, während Freiheit als Gleichgültigkeit verstanden wird. Der ursprüngliche Sinn von Toleranz hingegen besteht darin, ein Übel nicht zu verhindern, auch wenn es als solches erkannt wird und man es verhindern könnte, um dadurch ein größeres Unheil zu vermeiden. Jedenfalls verlangt das Zusammenspiel von Freiheit, Toleranz und Überzeugungen die angemessene Beachtung des *Gemeinwohls,* was in vielen Bereichen oft vergessen wird, ja wo bisweilen sogar das Konzept des Gemeinwohls selbst verkannt wird. Dies ist typisch für den Individualismus.

Sie haben vorhin gesagt, dass Vertreter relativistischer Positionen davon ausgehen, dass es keine objektiven Wahrheiten außer den empirisch nachweisbaren gäbe. Kann man dann überhaupt zu einem grundsätzlichen Dialog über die Wirklichkeit an sich kommen?

Ein grundsätzlicher Dialog ist möglich, setzt aber voraus, dass man diesen Dialog auch wirklich führen will. Bei früheren Fragen hatten wir schon Gelegenheit, über Relativismus zu sprechen. Ich möchte hinzufügen: Es ist vielleicht nicht schwierig einzusehen, dass es widersprüchlich ist, lediglich das experimentell Überprüfbare als Wahrheit anzuerkennen oder experimentalwissenschaftliche Methoden in der Philosophie anzuwenden. Dies steht im Widerspruch zu anderen für gewiss gehaltenen Annahmen der so Denkenden, was sich beispielsweise am Begriff der Menschenrechte zeigen lässt: Es existiert kein empirischer Nachweis dafür, warum der Mensch unveräußerliche Rechte haben soll. Dennoch stehen Menschenrechte anerkannter Weise über allem und fungieren damit als Regulativ für die experimentelle Wissenschaft. Wir würden nicht zulassen, was mit Gefangenen unter dem Nazi-Regime passierte oder wie der Kommunismus mit seinen Opfern umging, denn dieses Verhalten war ein Verstoß gegen die Menschenrechte.

Die Kirche sieht in der Beliebigkeit eine falsche Freiheit. Zugleich spricht sie von Gehorsam und erwartet einen solchen von den Gläubigen. Sind Freiheit und Gehorsam miteinander vereinbar? Gehorsam ist gut für Kinder, aber besteht nicht Freiheit gerade darin, das zu tun, was man selber will und nicht, was jemand anderer will – dem eigenen Willen zu folgen und nicht einem fremden?

Wenn Freiheit als „machen können, was man will" verstanden wird, dann liegt die Betonung auf dem „machen können". Das ist ein antikes Freiheitsverständnis (griechisch *eleutheria)*, das sich nicht auf die innere Freiheit der Person bezog, sondern Freiheit als Gegensatz zum Stand der Sklaverei verstand. Wenn man hingegen das „was man will" für das Wesentliche hält, gewinnt man einen angemesseneren Begriff von Freiheit, obwohl man dann nicht „machen" kann, was man will. Voraussetzung für dieses Verständnis von Freiheit ist, dass „Wollen" nicht bloß als Instinkt aufgefasst wird, sondern als ein Akt, den der Wille *durch sich selbst* setzt. Darum und weil der Wille das von der Vernunft erkannte Gute beabsichtigt, besteht der eigentliche Freiheitsakt darin, das Gute zu lieben. Von daher ergibt sich die enge Verknüpfung zwischen der Freiheit, dem Guten und der Wahrheit.

Eine Beschränkung in der Vernunft oder im Wollen macht einen Missbrauch der Freiheit möglich, der sich in der Wahl eines Übels als eines vermeintlichen Wohls äußert. Das geschieht nicht nur wegen eines mangelhaften Verständnisses in Bezug auf Wahrheit und Gutheit, sondern auch weil das Freiheitsbedürfnis so bestimmend für die eigene Existenz sein kann, dass es sogar die Vernunft vereinnahmt. Das drückt sich in dem berühmten Ausspruch des hl. Thomas v. Aquin aus: *intelligo quia volo* (ich verstehe, weil ich will).[21] Geheilt und erhöht durch die Gnade und die übernatürlichen Tugenden wird die menschliche Freiheit zur *Freiheit der Kinder Gottes,* jener Freiheit also, die der hl. Paulus im Galaterbrief wiederholt anspricht (vgl. *Gal* 4,1; 5,21-31; 5,13). In diesem Zusammenhang beziehen sich die Worte Christi *Dann werdet ihr die Wahrheit erkennen und die Wahrheit wird euch befreien* (Joh 8,32) weder auf eine bloß verstandesmäßige Erkenntnis noch auf Wahrheit als bloßes Objekt von Erkenntnis: Diese Wahrheit, die befreit – zur Freiheit der Kinder Gottes – ist radikalerweise Christus selbst (vgl. Joh 14,6), und dieses Erkennen schließt das Lieben ein. Es ist *der Glaube, der in der Liebe wirksam ist* (Gal 5,6).

Wenn man versteht, dass der eigentliche Akt der Freiheit im Lieben besteht, kann man auch leicht einsehen, dass Freiheit und Gehorsam sich nicht widersprechen müssen, denn es ist offensichtlich, dass man aus Liebe gehorchen kann. Kurz gesagt: Der christliche Gehorsam ist der Freiheit nicht nur nicht entgegengesetzt, sondern ist konkrete Ausübung der Freiheit. So wird verständlich, dass die Beziehung zwischen Autorität und Gehorsam, will sie menschenwürdig sein, auf Zusammenarbeit und gegenseitigen Dienst gründen muss, das heißt, auf Liebe. Die innere Freiheit besteht somit nicht in der Abwesenheit von Bindungen und Pflichten, sondern darin, diese Bindungen und Pflichten zu lieben, und zwar weil, wie gerade dargelegt, der eigentliche Akt der Freiheit in der Liebe besteht. Über diese Fragen hat der hl. Josefmaria großartige Schriften verfasst, wie etwa die Homilie „Das Gottesgeschenk unserer Freiheit“[22].

---

21 Thomas von Aquin, *Quaest. disp. de malo,* q. VI.

22 Veröffentlicht in Josefmaria Escrivá, *Freunde Gottes,* Nr. 23-38.

Wird bei Ihnen im Opus Dei die innere Freiheit gefördert? Erwartet man Gehorsam?

Im Opus Dei ist man bemüht – so lehrte es der hl. Josefmaria –, mittels geistlicher Bildung eine *wirkliche Freiwilligkeit* zu fördern. Konkret heißt das, dass im Rahmen der individuellen geistlichen Führung nichts befohlen wird. Es werden lediglich Ratschläge erteilt und die Eigeninitiative gestärkt, denn jene, die geistliche Leitung erteilen – die Leiter der Niederlassungen des Werkes und andere Personen mit den nötigen Befugnissen – haben keine Befehlsgewalt über die Mitglieder. Die Ratschläge der geistlichen Führung sollen darüber hinaus ermuntern, sich in der Gegenwart Gottes die eigenen Pflichten in Freiheit und Verantwortung vor Augen zu führen. Der hl. Josefmaria pflegte dies sehr anschaulich auf folgende Weise zu sagen: Im geistlichen Leben ist der *übernatürlichste* Grund für den Gehorsam *weil wir selbst es so wollen*[23]: Das heißt, weil ich es mit Gottes Hilfe vollständig aus freien Stücken tun möchte. Ich erinnere mich sehr gut an einige Worte des hl. Josefmaria, die Bischof Javier Echevarría in einem ausführlichen Hirtenbrief über die Bildung im Opus Dei anführt: „Der Herr hat uns mit Freiheit ausgestattet, die ein sehr hohes Gut und der Ursprung von vielen Übeln ist. Sie ist aber auch der Ursprung der Heiligkeit und Liebe."[24] Ohne Freiheit gibt es im geistlichen Leben keinen Fortschritt.

Schließlich wird auch in jenen Bereichen der pastoralen Leitung, die allein dem Prälaten und seinen Stellvertretern vorbehalten sind, der Geist der Freiheit auf positive Weise gefördert, wobei stets – zumindest in einigermaßen bedeutsamen Angelegenheiten – die freie Zusage der Betroffenen entscheidend ist. Selbstverständlich

---

[23] Vgl. Josefmaria ESCRIVÁ, *Christus begegnen,* Nr. 1, 17, 184.

[24] Javier ECHEVARRÍA, Brief vom 2. Oktober 2011, *Romana* 53 (Juli-Dezember 2011), 247-276 (www.romana.org und www.opusdei.org).

ist jeder im Opus Dei in beruflichen Angelegenheiten oder in weltanschaulichen Belangen innerhalb jener Grenzen, die für alle Katholiken gelten, vollständig frei und persönlich verantwortlich. Ich erinnere mich an eine Begebenheit, wo der hl. Josefmaria ein Kind im Mutterschoß mit folgenden Worten segnete: *Werde ein großer Liebhaber der Freiheit!*

Ein weiteres Thema, das ich noch anschneiden möchte, ist jenes des laikalen Staates, wobei zwei Aspekte unterschieden werden sollen: Die Teilnahme der Gläubigen am gesellschaftlichen Diskurs und die Präsenz der Religion im öffentlichen Raum. Zu diesem Thema gibt es kontroverse und teilweise polemisch geführte Diskussionen. Einige fordern den Rückzug der Religion in die Privatsphäre zugunsten eines laikalen Staates. Die katholische Kirche sieht in einer solchen Haltung allerdings Laizismus und verteidigt die Gegenwart der Religion im öffentlichen Raum als Ausdruck der Religionsfreiheit. Ist hier ein Kompromiss möglich?

In diesem Zusammenhang fällt der bemerkenswerte Sinneswandel gewisser postmoderner Philosophen auf, die sich einst gegen alles Religiöse in der Öffentlichkeit aussprachen, nun aber Gläubige beim gesellschaftlichen Diskurs dabei haben möchten. Begründet wird dies damit, dass gläubige Menschen wertvolle Einsichten für die Allgemeinheit einbringen und dies in einer religiösen Sprache tun, die sehr kraftvoll und erhellend ist. Eine Bedingung sei lediglich, dass sie ihre religiös inspirierten Vorschläge in eine profane, universale Sprache übersetzen. Damit erhält die Religion eine Stellung, die ihr der Laizismus nicht zubilligte. Halten Sie einen solchen Kompromiss für akzeptabel?

Hierzu fällt mir ein, was Voltaire in seinem zynischen Humor meinte: er bevorzuge einen gläubigen Barbier, denn das würde ihm eine gewisse Sicherheit geben, dass dieser ihm nicht den Hals aufschlitze. Wenn sich ein so grober und amoralischer Pragmatismus breit macht wie jener, der in einigen bioethischen Fragen erkennbar wird, dann ist es nicht verwunderlich, dass nichtgläubige

Menschen die aus dem Christentum stammende Ethik der Menschenwürde zu schätzen wissen. Habermas hat die „Technisierung der Menschennatur" verurteilt, die in der Reproduktionsindustrie und in einigen Zweigen der Biotechnologie vorherrscht und im Zuge derer Embryonen „hergestellt" und manipuliert werden.

Dieses Beispiel zeigt, dass die Beiträge der Christen in Angelegenheiten öffentlichen Interesses keine konfessionellen Lösungsvorschläge sind, die aufgrund der Laikalität des Staates nicht berücksichtigt werden könnten. Nichtgläubige haben ja nicht mehr Rechte als Gläubige und man kann Anschauungen, die sich von den christlichen unterscheiden oder ihnen entgegengesetzt sind, wohl kaum das Patent der Konfessionslosigkeit zuerkennen. Dies käme der Einsetzung einer offiziellen Ideologie gleich. Insofern ist es offensichtlich besser, das Recht von Christen auf Darlegung ihrer Positionen bei öffentlichen Debatten zu wahren, als an einem Laizismus festzuhalten, der intellektuell verschlossen und undemokratisch ist. Wie auch immer, es geht nicht darum, einem Kompromiss zuzustimmen – die Mitwirkung bei öffentlichen Debatten ist ein persönliches Recht und kein Zugeständnis, das einem gemacht wird.

Ein weiterer Aspekt dieser Frage bezieht sich auf die Gegenwart von Religion in der Öffentlichkeit: Ist es in einem laikalen Staat notwendig, den Glauben als strikte Privatsache anzusehen, der auf die Intimsphäre des Einzelnen beschränkt bleiben sollte?

Dass ein Christ seine Glaubenshaltungen strikt für sich behielte, wäre unpassend, denn die Berufung jedes einzelnen Christen ist apostolisch und verlangt daher das öffentliche Zeugnis, bzw. würde dessen Fehlen ihrer Ablehnung gleichkommen. Die christliche Religion wird niemandem aufgezwungen; zu fordern, dass es von Seiten der Gläubigen keine öffentlichen Manifestationen ihres Glaubens gibt, wäre ein Angriff auf das Grundrecht der Religionsfreiheit.

In der Diskussion über die Trennung von Kirche und Staat wird die Kirche oft als Institution dargestellt, die gegen die Laikalität des Staates agiere. Wie kommt es dazu?

Die Trennung von Kirche und Staat wurde und wird auf sehr unterschiedliche Weisen verstanden. In diesem Zusammenhang muss an die Worte Jesu Christi erinnert werden: *Dann gebt dem Kaiser, was dem Kaiser gehört, und Gott, was Gott gehört!* (Lk 20,25) Das heißt aber nicht, der Staat solle der Religion gegenüber gleichgültig sein. Im Gegenteil: Der Staat muss – ohne sich in Sachen einzumischen, die ihm nicht obliegen – das religiöse Leben der Bürger fördern, und zwar indem die Religionsfreiheit im Rahmen einer gerechten und objektiven, moralischen Normen genügenden öffentlichen Ordnung akzeptiert wird. So lehrt es das II. Vatikanische Konzil.[25] Wer die Kirche so darstellt, als würde sie sich einer *gerechten* Trennung von Religion und Staat widersetzen, verwechselt meiner Meinung nach Laikalität und Laizismus.

Es wird viel darüber diskutiert, ob es in den öffentlichen Schulen Religionsunterricht geben darf, ob religiöse Symbole auf den Straßen anzutreffen sein sollten oder ob Subventionen für religiöse Einrichtungen oder Aktivitäten ihre Berechtigung haben. Die Kirche wendet sich üblicherweise gegen die Abschaffung dieser Dinge. Respektiert die Kirche heutzutage die Laikalität des Staates? Wie geht sie damit um?

Ich habe schon von der *Laikalität* des Staates gesprochen, die von der Kirche akzeptiert wird, im Unterschied zum *Laizismus.* Ich möchte hinzufügen, dass diese Laikalität, die auf einer

[25] Vgl. II. Vatikanisches Konzil, *Dignitatis humanae,* Nr. 6-7.

Unterscheidung und Trennung der Zuständigkeiten beruht, nicht ausschließt, dass der Staat die Ausübung einer bestimmten Religion besonders fördert, sofern die Freiheit der anderen Religionen gegeben ist. So hat es auch das II. Vatikanum in der Erklärung über die Religionsfreiheit *Dignitatis humanae* (Nr. 6) festgelegt. Die Kirche hat, abgesehen vom staatsbürgerlichen Recht auf Freiheit ihrer Mitglieder, das vom göttlichen Gebot abgeleitete Recht, das unermessliche Gut der Frohbotschaft in die ganze Welt hinauszutragen. Würde die zivile Gewalt dieses ureigenste Recht der Kirche nicht anerkennen, sondern nur das persönliche Recht jedes Gläubigen, dann würde sie in Wirklichkeit gegen die Religionsfreiheit verstoßen, denn der Mensch ist ein Gemeinschaftswesen, und Religion ist eben auch in sozialen Strukturen organisiert.

In Ausübung dieses ihres Rechtes spricht sich die Kirche manchmal gegen Praktiken aus, die durch zivile Gesetze gedeckt oder gar geboten sind, die aber der Wahrheit, die die Kirche verkündet, widersprechen. Ein typischer Fall dafür ist die Legalisierung der Abtreibung (obwohl die Kirche nicht die einzige Stimme ist, die solche oder andere Praktiken kritisiert). Wenn aber solche Entscheidungen, wie jene der Legalisierung der Abtreibung, demokratisch zustande gekommen sind, was soll ein Christ tun?

Es geht darum, im Rahmen der Möglichkeiten eines jeden Einzelnen die demokratischen Mittel einzusetzen, um die gegen das Naturrecht verstoßenden Gesetze zu ändern. Es genügt in solchen Fällen (z.B. bei Ehescheidung, Abtreibung, Euthanasie…) nicht zu denken: „Ich werde dies zwar nicht tun, aber ich darf andere nicht daran hindern, wenn sie meinen, diese Handlungsweise sei in Ordnung". So eine Denkweise würde gerade jene Missachtung oder Unkenntnis des Gemeinwohlprinzips offenbaren, von der ich vorhin sprach. Würden Praktiken gegen das Naturrecht vom Gesetz her nicht nur erlaubt oder gefördert, sondern geboten sein, dann wäre passiver Widerstand und Verweigerung aus Gewissensgründen notwendig.

Zwar können oder dürfen zivile Gesetze nicht alles verbieten, was dem Sittengesetz widerspricht, aber doch all jenes, was neben dem Sittengesetz auch dem Gemeinwohl widerspricht, dessen Wahrung und Förderung das eigentliche Ziel des Staates ist. Unter bestimmten Umständen und wenn keine fundamentalen Grundsätze auf dem Spiel stehen, kann es klug sein, Handlungsweisen zu tolerieren, – was nicht heißt sie zu autorisieren und noch weniger finanziell zu unterstützen – die der Staat an sich verhindern sollte. Der Christ selbst muss in jedem Fall Menschen, die, sei es theoretisch oder praktisch, andere Einstellungen als er selbst haben, respektvoll behandeln.

Uneinigkeiten rund um diese und andere Themen, die Sie erwähnt haben, sind in der heutigen Gesellschaft mit ihren pluralen Wertvorstellungen häufig anzutreffen. Denken Sie, dass man allen Bürgern bestimmte, durch parlamentarische Mehrheiten festgelegte Sozial-, Familien- und Erziehungsmodelle aufzwingen kann oder dass die Gesetze eher jedem Bürger die Freiheit gewähren sollten, sich sein Leben im Einklang mit seinen persönlichen Überzeugungen einzurichten?

Diese Frage betrifft das Verhältnis zwischen Staatsgewalt und persönlichen Freiheitsrechten der Bürger. Die staatliche Macht ist nicht absolut. Es gibt private Lebensbereiche, über die der Staat nicht bestimmen darf, und er sollte in diese Bereiche auch nicht einzudringen versuchen. Doch stellt sich die Frage, wer die Grenzen des Staates und die Bereiche der Freiheit festlegt. De facto tut das, wer dazu die Macht hat, d.h. in einer Demokratie die parlamentarische Mehrheit, gewöhnlich unter Bezugnahme auf eine ebenfalls zuvor von einer Mehrheit festgelegte Verfassung. Einige persönliche Freiheiten und die damit in Zusammenhang stehenden

Einschränkungen staatlicher Eingriffsmöglichkeiten sind für alle Menschen evident, da bei allen immer zumindest noch ein wenig vom Licht des Naturgesetzes vorhanden ist. Wenn nun alle anderen Bereiche vom Gutdünken einer parlamentarischen Mehrheit abhängen würden, könnten persönliche Rechte (einschließlich jene der Ungeborenen), die Rechte von Familien und gesellschaftlichen Vereinigungen und selbstverständlich auch die Religionsfreiheit selbst in Gefahr geraten. Heißt das nun, dass man die Demokratie verwerfen sollte? Keinesfalls! Es bedeutet – wie ich unter Bezugnahme auf eine Aussage Joseph Ratzingers bereits sagte – dass kein Staat als Rechtsstaat überleben kann, wenn über den Staat hinausgehende absolute Werte nicht anerkannt werden.

Wenn man in wichtigen Angelegenheiten von allgemeinem Interesse mitzuarbeiten hat (z.B. im Bereich des Lebensschutzes oder des Schutzes von Müttern) könnte bei Katholiken die Frage auftauchen, ob es besser sei, sich um einer größeren Einheitlichkeit willen nur unter ihresgleichen zusammenzuschließen, oder ob nicht doch die Mitarbeit anderer gesucht werden sollte, um den eigenen Bemühungen eine größere Breitenwirkung zu verleihen. Was meinen Sie diesbezüglich?

Bei ehrbaren Aufgaben mit Menschen zusammenzuarbeiten, die in anderer Hinsicht vom christlichen Glauben abweichende Einstellungen haben, ist gewöhnlich sehr sachdienlich. Nicht nur wegen der damit verbundenen größeren Effektivität in der Erreichung positiver Ergebnisse im Dienst an der Gesellschaft, sondern auch weil diese Zusammenarbeit Gelegenheiten bieten kann, dass nichtchristliche Personen das Christentum kennenlernen bzw. es besser kennen lernen und wir Christen auch von den menschlichen Tugenden großzügiger Menschen lernen können, die das Geschenk des Glaubens noch nicht erhalten haben. An dieser Stelle darf ich an die Bitte erinnern, mit welcher der hl. Josefmaria beim Hl. Stuhl um die Erlaubnis zur Aufnahme nichtkatholischer Christen und sogar von Nichtchristen als Mitarbeiter ins Opus Dei ansuchte. Es war dies ein zuvor noch nie gestelltes und damit beispielloses Ansinnen in der ersten Hälfte des 20. Jahrhunderts, das auch erst 1950 nach mehrmaligem Nachfragen genehmigt wurde. Es waren Zeiten, in denen die Ökumene in der Kirche, so wie wir sie heute kennen, noch nicht in diesem Umfang und mit diesem Nachdruck gelebt wurde, wie dies nach dem II. Vatikanischen Konzil der Fall war.

5

DIE KIRCHE IN UNSERER ZEIT

Die Kirche besteht schon seit so langer Zeit und war im Laufe der Jahrhunderte immer wieder mit der Frage konfrontiert, wie sie auf den historischen Wandel, auf neue Situationen und aktuelle Herausforderungen reagieren sollte. Ist es vielleicht fehlende Weitsicht, wenn wir annehmen, dass sich uns dieses Problem heute in einer nie da gewesenen Schärfe stellt? Nun, die heutigen Herausforderungen sind jedenfalls sehr real, auch wenn eine historische Einordnung hilft, die Nuancen zu sehen. Ich würde Sie daher gerne fragen: Wie sehen Sie das Verhältnis der katholischen Kirche zur heutigen Welt?

Die Beziehung der Kirche zur Welt ist und wird immer im Wesen dieselbe sein. Man kann sie in dem berühmten Satz des hl. Augustinus zusammenfassen: *Mundus reconciliatus, Ecclesia*[26] – die Welt selbst, die mit Gott versöhnt ist, ist die Kirche, das Volk Gottes. Somit erscheint ihre Beziehung zur Welt als Kraft, als Sakrament, wodurch die Heilssendung Christi in der Geschichte fortdauert und dabei den Widerstand, den diese Welt ihrer Versöhnung entgegensetzt, überwindet. Ein weiterer Punkt ist das Verhältnis der Kirche als Institution zur Zivilgesellschaft zu allen Zeiten und an allen Orten. Dieses Verhältnis ist sehr facettenreich. Das II. Vatikanum hat es sich zur Aufgabe gemacht, genau diese Frage in der Konstitution *Gaudium et spes* zu vertiefen, obwohl vor allem – wie Benedikt XVI. schrieb[27] – die Erklärungen *Dignitatis humanae* (zur Religionsfreiheit) und *Nostra aetate* (über die nichtchristlichen Religionen) neue Impulse für das Verhältnis zwischen Kirche und Welt brachten: eine Neuheit in der Kontinuität.

Der Begriff „heutige Welt“ erscheint sehr unbestimmt. Dazu gehört das kulturelle, politische und ökonomische Umfeld der Europäischen Union ebenso wie jenes des ärmsten Landes unseres Planeten. Einerseits ist die katholische Kirche eine Einrichtung,

---

26 Augustinus, *Sermo* 96, 8.

27 Vgl. Sonderbeilage von *L'Osservatore Romano,* am 11.10.2012 zum fünfzigsten Jahrestag des Beginns des II. Vatikanischen Konzils.

die in breiten Schichten dieser „heutigen Welt" größtes Ansehen genießt, während wir sie anderswo verfolgt sehen (mancherorts mit physischer, andernorts mit ideologischer, medialer oder legislativer Gewalt).

Was die sogenannte „Moderne" anlangt, pflegt man sich auf die Französische Revolution zu beziehen, aber diese Revolution hat keineswegs Freiheit, Gleichheit und Brüderlichkeit hervorgebracht, wie die Geschichte zeigt. In Wirklichkeit haben diese Werte oder Güter eine christliche Wurzel, ja sie sind in ihrem Wesen christlich. Es genügt, das Neue Testament zu lesen, um dies zu erkennen. So sagt Jesus: *Die Wahrheit wird euch befreien* (Joh 8,32). Der Apostel Paulus schrieb: *Ihr seid zur Freiheit berufen* (Gal 5,13). Auch von der Gleichheit spricht der Apostel: *Es gibt nicht mehr Juden und Griechen, nicht Sklaven und Freie, nicht Mann und Frau; denn ihr alle seid einer in Christus Jesus* (Gal 3,28). Und Jesus Christus verkündet die universelle Brüderlichkeit: *Ihr alle aber seid Brüder* (Mt 23,8). Die Konsequenz daraus ist die gegenseitige Liebe: *Ein neues Gebot gebe ich euch: Liebt einander!* (Joh 13,34) Benedikt XVI. verlangte rückblickend auf den Beginn des II. Vatikanums nachdrücklich, dass angesichts der heutigen Welt in der gesamten Kirche Elan und Eifer neu belebt werden müssten, um allen Menschen Jesus Christus wieder zu verkünden.[28]

Ihre Antwort verweist auf Jesus Christus, der sich guter Presse erfreut. Es gibt aber Menschen, die sagen: „Ich glaube an Jesus Christus, aber nicht an die Kirche." Die Kirche ist manchen Menschen unsympathisch. Was ist das wahre Gesicht der Kirche?

Wenn die Kirche unsympathisch erscheint, kann dies oft einfach auf Unwissenheit oder Falschinformationen zurückzuführen sein, welche nicht selten von Menschen verbreitet werden, die der

[28] Vgl. Benedikt XVI., Predigt am 11.10.2012.

Kirche die Fehler ihrer Mitglieder anlasten, ohne aber die große Zahl von so vielen unbekannten Heiligen im Blick zu haben, die es unter den Christen gab und gibt.

Das Angesicht der Kirche lässt sich nicht auf das äußerlich Sichtbare reduzieren. Die Kirche ist göttlich und menschlich zugleich, Ausdruck des Mysteriums Christi; oder besser gesagt, sie ist die ständige Gegenwart Christi in der Geschichte. Die Kirche ist ein Volk, das Volk Gottes, eine Vereinigung vieler Völker (so weit ist sie sichtbar), aber ihr Wesenskern ist es, Leib Christi zu sein, der mystische Leib in wirklicher und lebendiger Einheit zwischen dem Haupt – Christus – und den Gliedern. Joseph Ratzinger drückte dies einmal folgendermaßen aus: „Die Kirche ist das Volk Gottes, welches aus dem Leib Christi heraus lebt und in der Feier der Eucharistie zum Leib Christi selber wird“[29]. Eine dritte wesentliche Dimension des Geheimnisses der Kirche liegt darin, dass sie Sakrament des Heiles ist. Mit anderen Worten: Die Kirche ist Heilsbringerin. Jesus Christus rettet mittels der Kirche, insbesondere durch die Verkündigung der Frohbotschaft und die Feier der Sakramente.

Was von der Kirche sichtbar ist, kann durch das menschliche Elend ihrer Mitglieder entstellt werden, aber ich betone gleichzeitig, dass es nicht der Wahrheit entspräche, die immense positive Arbeit, welche die Kirche in der Welt vollbracht hat und weiterhin vollbringt, nicht in Betracht zu ziehen.

Sie haben gemeint, Jesus Christus sei nicht unbeliebt. Ja, so ist es in vielen Kreisen, aber wir dürfen nicht verkennen, dass der Herr stets ein *Zeichen des Widerspruchs* (Lk 2,34) war und ist. Es fehlt heutzutage nicht an feindseligen Äußerungen gegenüber Jesus Christus, und zwar oft der gröbsten Art. Diese müssen uns sehr

[29] Joseph RATZINGER, „Zeichen unter den Völkern“, in Michael SCHMAUS – Alfred LÄPPLE (eds.), *Wahrheit und Zeugnis,* Düsseldorf, Patmos, 1964, 459.

wehtun, aber gleichzeitig uns auch zu einer noch intensiveren Verkündigung der Frohbotschaft anregen, um das wahre Antlitz des Herrn jenen zu zeigen, die ihn tatsächlich nicht kennen.

In unserer Zeit lehnen viele Menschen „Institutionelles“ instinktiv ab und suchen individuell und spontan eine Religion, „die ihnen entspricht“. Wie kann die Kirche einer solchen Tendenz begegnen?

Diese instinktive Ablehnung des Institutionellen ergibt sich, wenn Institution und Person als Gegensätze wahrgenommen werden. Geschieht das im religiösen Bereich, dann entsteht die Neigung, dass jeder sich seine eigene Religion zusammenbastelt. Angesichts dieses Phänomens, das lediglich eine der vielen Facetten des Individualismus darstellt, scheint es mir wichtig klarzustellen, dass die Kirche nicht nur und auch nicht in erster Linie eine Institution, eine Gesellschaft, eine Gruppe von Personen, welche dieselben Lehrinhalte teilt, oder eine Organisation ist. Die Kirche ist zuerst und vor allem eine Person: Jesus Christus. Ich erinnere mich gut an die Worte des hl. Josefmaria: *Die Kirche ist das: Christi Gegenwart unter uns; Gott, der zum Menschen gekommen ist, um ihn zu retten, indem er uns mit seiner Offenbarung anruft und uns mit seiner Gnade heilig macht.*[30]

Es ist auch wichtig zu sehen, dass die institutionelle Dimension der Kirche im Dienst der Menschen steht und nicht umgekehrt, und dass sich im Übrigen die nicht nur christliche, sondern auch menschliche Vollkommenheit in der Hingabe verwirklicht, etwas, das sowohl dem Individualismus, der sich „seine“ Religion selbst macht, als auch der falschen Vorrangstellung von Institutionen gegenüber Personen radikal entgegengesetzt ist.

---

[30] Josefmaria Escrivá, *Christus begegnen,* Nr. 131.

Kommen wir zu einem anderen Aspekt dieser Frage: Viele meinen, die katholische Kirche würde mehr Anhänger haben, wenn sie in ihren umstrittensten Forderungen ein bisschen nachgiebiger wäre. Glauben Sie, dass es sich tatsächlich so verhält? Andere sagen, die Kirche versäume den Zug der Geschichte, weil sie veraltet sei und sich nicht im Rhythmus der Wünsche der heutigen Menschen entwickle. Was würden Sie dem entgegnen?

Die umstrittensten Forderungen drehen sich für gewöhnlich um Fragen im Bereich der Moral (um die Ehe, die Sexualität, die Bioethik etc.). Bei diesen Forderungen kann die Kirche nicht nachgeben, weil es nicht ihre eigenen Forderungen sind, sondern Normen, die der Schöpfer in die menschliche Natur hineingelegt hat, als Licht, das auf das wahrhaft Menschliche hinzeigt. Würde die Kirche der Unmöglichkeit zum Trotz in diesen Punkten nachgeben, wäre sie nicht mehr die Kirche und die dann eventuell zahlreicheren Gläubigen wären nicht Gläubige der Kirche.

Die Kirche sei veraltet, weil sie sich nicht im Rhythmus der Wünsche des heutigen Menschen entwickelt? Was sind das für Wünsche? Wer ist der heutige Mensch? Zweifellos kann die Kirche sich entwickeln und sie hat sich tatsächlich im Laufe der Jahrhunderte in Bereichen entwickelt, die nicht das Wesentliche des Glaubens betreffen. Man kann durchaus dafür stehen, dass auch heute manches in der kirchlichen Organisation verbesserbar, ja sehr verbesserbar ist. In jedem Fall ist es äußerst wichtig, sich vor Augen zu halten, dass nicht wir Menschen es sind, die die Kirche machen. Jesus Christus ist es, der sie gemacht hat und immer noch macht. Wir machen sie nicht, sondern sie ist uns gegeben.

Noch eine Bemerkung zur christlichen Moral: Viele sehen sie, so wie Nietzsche, als einen Kodex von Verboten, der erdrückt und den „Spaß am Leben" verdirbt. Wie würden Sie die christliche Moral auf positive und optimistische Weise präsentieren?

Ich würde betonen, dass das Christentum nicht nur oder nicht hauptsächlich in der Befolgung von Lehren und Verhaltensnormen besteht, sondern darin, einer Person – Jesus Christus – dem Gottessohn, der aus Liebe zu uns Mensch geworden ist, nachzufolgen. Das heißt, Ihn zu kennen, mit Ihm zu verkehren und Ihn zu lieben, sodass mit Ihm eine Geschichte, die Erlösung der Welt, fortlebt. *Gott ist die Liebe* (1 Joh 4,8) schreibt der hl. Johannes, und die moralischen Gebote, die Gott selbst unserer Natur eingeschrieben hat, sind keine Hindernisse für die Freiheit, sondern ein Licht, das der Selbstverwirklichung des Menschen den Weg weist. Sie sind keine Art Gegenleistung, die Gott uns abverlangt, sondern im Gegenteil ein Geschenk Gottes. Gewiss, dieses Licht kann sich verdunkeln und verdunkelt sich in der Tat viele Male aus verschiedenen Gründen, die im Endeffekt ihre Wurzeln immer in der Sünde haben. Es kommt dann dazu, dass nicht nur das Gesetz als etwas essenziell Positives nicht mehr verstanden wird, sondern auch, dass die Freiheit als das Fundament der menschlichen Person nicht mehr begriffen und nicht mehr in ihrem ureigensten, von der Wahrheit und der Liebe untrennbaren Sinne gelebt wird.

Den christlichen Glauben in einem positiven und optimistischen Licht zu präsentieren, bedeutet jedenfalls, nicht zu verbergen, dass der höchste Ausdruck der Liebe Gottes zu uns – einer Liebe, in der sich Gerechtigkeit und Barmherzigkeit vereinen – die Hingabe des Lebens durch Jesus Christus am Kreuz ist. Nur wenn wir im Glauben auf Christus am Kreuz schauen, enthüllt sich der Sinn des Leidens, der sonst in der Absurdität versunken bliebe.

Ein anderer Anlass schlechter Presse für die Kirche sind die „internen Angelegenheiten": Missbrauch von Jugendlichen durch Priester, Undurchsichtigkeiten in den vatikanischen Finanzen, die sogenannten „Vatileaks". Es scheint, dass diese Schmutzwäsche überhandnimmt. Stimmt diese Wahrnehmung mit der Realität überein? Ist das der Grund für die wachsende Abneigung breiter gesellschaftlicher Kreise gegenüber der Kirche?

Diese Wahrnehmung entspricht in einigen Fällen, nicht in allen, der Realität beklagenswerter Fakten, die allerdings in den Vordergrund gerückt wurden, ganz so als repräsentierten sie die gegenwärtige kirchliche Lage, während man doch sagen muss – ohne ihre Schwere zu unterschätzen – dass es sich um statistisch gesehen marginale Erscheinungen handelt, die leider in anderen Gesellschaftskreisen noch viel zahlreicher sind. Das kann nun nicht heißen, dass irgendeiner dieser Missbrauchsfälle zu tolerieren wäre, vielmehr ist Mitgefühl und Hilfe für die Opfer angebracht, abgesehen von geeigneten disziplinären Maßnahmen.

Andererseits scheint es mir nicht richtig zu behaupten, dass es eine wachsende Abneigung gegenüber der Kirche in breiten Gesellschaftskreisen gebe, ohne gleichzeitig festzuhalten, dass für andere und auch breite gesellschaftliche Kreise die Kirche den wichtigsten moralischen Referenzpunkt darstellt. Obwohl viele Christen in einer Glaubenskrise stecken, gibt es auch Beispiele kirchlicher Erneuerung, wie dies zum Beispiel in Ländern wie den Niederlanden der Fall ist, wo die Katholiken nach Jahren einer tiefen Krise einen bemerkenswerten Zustrom erleben.

Es gab nicht nur in den Niederlanden eine Krise, und bestimmt gibt es auch gute Nachrichten aus anderen Ländern. Aber glauben Sie, dass die Krise der Kirche überwunden ist? Wie sehen Sie die derzeitige Lage?

Es fehlt nicht an Stimmen, die die jetzige Lage positiv sehen, während andere nur schreckliche Finsternis wahrnehmen. Es gibt keine Krise in jenen Bereichen, in denen das Leben der Kirche nur von Gott abhängt – in diesem Sinne ist und bleibt die Kirche immer heilig und makellos. Dort hingegen, wo die Kirche auch von der menschlichen Mitwirkung abhängt, ist die globale Lage, trotz positiver Beispiele heroischer und heiligmäßiger Christen, in meinen Augen sehr besorgniserregend. Schon Paul VI. beklagte, der Rauch Satans sei durch die Ritzen in die Kirche eingedrungen.[31] Und viel neueren Datums wies Kardinal Ratzinger in seiner berühmten *Via crucis* 2005 darauf hin, wieviel Schmutz es in der Kirche gibt, insbesondere unter jenen, die ihre vorbildlichen Hirten sein sollten.[32]

Der Gründer des Opus Dei empfahl allen, sie sollten *die Frömmigkeit von Kindern und die sichere Lehre von Theologen*[33] haben. Er sagte es nicht im Zusammenhang mit dem Thema, das wir hier nun behandeln, aber mir scheint, dass dieser Satz eine Synthese enthält, die zwei entscheidende Dimensionen der Krise zu überwinden imstande ist: die spirituelle Lauheit und die Unwissenheit über die Lehre der Kirche. „Kindliche Frömmigkeit" und „die Weisheit von Theologen" sind keine getrennten Wirklichkeiten, nein! Es geht darum, dass jene echte Frömmigkeit von kindlicher Einfachheit, wie sie Christus im Evangelium gefordert hat,[34] gestützt sein soll durch eine profunde Kenntnis des Glaubens. Zugleich sollte die Theologie, und zwar auch die wissenschaftlich-akademische, mit jener anbetenden Haltung vor dem Mysterium angenommen und weitergegeben werden, die Pseudo-Dionysius in die berühmten Worte fasste: *indicibilia deitatis casto silentio venerantes*[35] (die Unaussprechlichkeit Gottes in respektvollem Schweigen verehrend).

Was die aktuelle Krise der Frömmigkeit anlangt, meine ich, ohne auf unfaire Weise verallgemeinern zu wollen, dass ein zentrales

---

31 Vgl. PAUL VI., Predigt im Petersdom am 29.06.1972.

32 Vgl. Joseph RATZINGER, Kreuzweg im Kolosseum in Rom, Karfreitag, 25.03.2005, Meditation bei der 9. Station.

33 Josefmaria ESCRIVÁ, *Christus begegnen,* Nr. 10.

34 *Wenn ihr nicht umkehrt und wie die Kinder werdet, könnt ihr nicht in das Himmelreich kommen* (Mt 18,3).

35 PSEUDO-DIONYSIUS, *De divinis nominibus,* c. I, Nr. 11.

Problem der schlechte Umgang mit der Eucharistie ist, der sich seit Langem angebahnt hat. Schon vor vielen Jahren hat Johannes Paul II. im Schreiben *Dominicae cenae* Gott öffentlich für die schwerwiegende und weitverbreitete schlechte Behandlung, die der Herr in der Eucharistie erfährt, um Vergebung gebeten; und ich habe auch schon auf jene *Via crucis* von Kardinal Ratzinger hingewiesen, wenige Wochen bevor er zum Nachfolger Petri gewählt wurde. Solange der sakrale Sinn der Feier des Eucharistischen Opfers und die gläubig liebende Anbetung des in der heiligen Hostie wirklich anwesenden Jesus nicht wiederbelebt wird, kann die Krise in der Kirche nicht überwunden werden.

Benedikt XVI., ein großer Fachmann der Liturgie, beklagte eine in den letzten Jahrzehnten zunehmende Entsakralisierung der Messe und eine Vernachlässigung von Feierlichkeit und Schönheit bei deren Feier. Wie könnte Ihrer Meinung nach eine größere Ehrfurcht vor dem in der Messe gefeierten Mysterium gefördert werden? Was würden Sie vorschlagen, um den Respekt vor dem Heiligen im ordentlichen Messritus zu wecken?

Das ist eine sehr weitgesteckte Frage. Man müsste zum Beispiel die zahlreichen Überlegungen in Erinnerung rufen, die Joseph Ratzinger in *Der Geist der Liturgie* anstellt. Um einige Aspekte zu erwähnen, würde ich sagen, dass für den Respekt und die gebührende Wertschätzung des Heiligen die Haltung des Zelebranten wesentlich ist. Es geht nicht darum, einem Formalismus zu huldigen, sondern darum, den liturgischen Richtlinien mit dem Blick auf Gott und nicht mit dem Blick auf das Volk zu folgen (auch wenn an einem dem Volk zugewandten Altar gefeiert wird). Der Priester sollte sich am Altar, am Ambo oder am Zelebrantensitz nicht so bewegen, als wäre er selbst der Protagonist: Er ist in Christus Mittler zwischen Gott und den Menschen und er übt dies umso besser aus, je unmittelbarer er durch Zeichen die Andacht und den Blick der Gläubigen auf Gott und nicht auf seine eigene Person lenkt.

In diesem Sinne wird unter den Liturgikern der Wunsch immer stärker, in der Hl. Messe nur den Wortgottesdienst *coram populo* (dem Volk zugewandt) zu feiern, um dadurch zu unterstreichen, dass sich die Eucharistische Liturgie nicht an das Volk, sondern an Gott wendet: Priester und Volk schauen vereint in dieselbe Richtung auf Gott, der das Kreuzesopfer Christi sakramental vergegenwärtigt. Die Körperhaltungen müssen als Ausdruck der inneren Haltung den Glauben an die wahrhafte, wirkliche und substanzielle Gegenwart Jesu Christi in der Eucharistie auf konkrete Weise bezeugen. Ich denke, dass unter anderem deshalb die von Benedikt XVI. für die Pontifikalämter ausgegebene Verfügung beispielhaft ist: Die hl. Kommunion soll kniend und auf der Zunge empfangen werden.

Wie kann die im ordentlichen Ritus vollzogene Messfeier verbessert werden? Abgesehen von dem, was ich gerade besprochen habe, sollte meiner Meinung nach in vielen Seminaren der Welt und in der fortlaufenden Bildung des Klerus die liturgische Bildung in der Theorie sowie vor allem in der Praxis verbessert werden. Ein anderer ebenso wichtiger Punkt ist die Frage, wie nicht wenige Hirten und Theologen ins Treffen führen, ob es nicht angebracht sei, dass der Hl. Stuhl im Messbuch bestimmte Zusätze einfügt, durch welche die aktuellen liturgischen Vorschriften konkretisiert werden, da sie derzeit in ihrer sehr allgemeinen Formulierung einen zu großen Spielraum zulassen.

Benedikt XVI. äußerte seine Sorge auch im Zusammenhang mit der Qualität der Predigten. Sie sollten nicht deshalb fruchtlos sein, weil sie zu weichlich oder zeitgeistig sind. Welche Themen sollten in der Predigt vornehmlich angesprochen werden?

Dies hängt ganz von den Örtlichkeiten ab. Im Prinzip soll es so sein, dass die Predigten die biblischen Lesungen der Tagesliturgie kommentieren und dabei einem gewissen Plan in der Darlegung der Lehre folgen. Man muss bedenken, dass die Predigt für die Mehrheit der katholischen Gläubigen die einzige Quelle fortlaufender Bildung darstellt. Ein gutes System dafür wäre – natürlich neben anderen möglichen – die Orientierung am *Katechismus der Katholischen Kirche.* Es ist außerdem notwendig, dass in den Predigten intellektuell oder moralisch anspruchsvollen und ernsten Fragen nicht ausgewichen wird. Vor allem aber muss man Jesus Christus, der für uns gestorben, auferstanden und in der Eucharistie lebendig gegenwärtig ist, verkünden. Jedes beliebige Thema, sei es eine Glaubens- oder Sittenfrage, kann in direkte Verbindung mit dem Glauben an Christus, die Hoffnung auf Christus und die Liebe von und zu Christus gebracht werden. Auf diese Weise bekommt die Verkündigung des Evangeliums, ohne kraftlos oder sentimental zu wirken, ihre eigene Stimmung, die in Freude und Frieden eingebettet ist: in die Freude der Kinder Gottes.

Ein anderes Problem ist, dass vielerorts Priester fehlen. Um diesen Mangel auszugleichen, gibt es Stimmen, die vorschlagen, man möge das Priestertum für verheiratete Männer und für Frauen öffnen. Weiters wird vorgeschlagen, dass nichtgeweihte Laien oder Ordensleute, Männer und Frauen, die Funktionen des Priesters übernehmen sollten. Halten Sie das für eine gute Lösung?

In Abwesenheit von Priestern ist bereits vorgesehen, dass man Laien einige Tätigkeiten, welche normalerweise Priester durchführen, die aber nicht notwendigerweise priesterlicher Natur sind, überträgt. Die Feier der Hl. Messe hingegen und die Spendung des Bußsakraments etwa sind aufgrund göttlicher Einrichtung nur den Priestern vorbehalten.

Was die Priesterweihe von Frauen anlangt, hat die Kirche bereits endgültig festgehalten, dass es nicht in ihrer Macht steht, eine solche Weihe vorzunehmen. Der Grund dafür liegt in der bindenden Kraft der Tradition, die uns den Willen Jesu Christi hinterlassen hat, das Priestertum Männern vorzubehalten. Warum hat der Herr so entschieden? Er hat es uns nicht offenbart. Man kann verschiedene allgemeine mehr oder weniger überzeugende Gründe dafür anführen. In jedem Fall ist es wichtig zu verstehen, dass damit keine Geringschätzung der Frau einhergeht. Das Priestertum bringt einen bestimmten Dienst mit sich, der nicht selten große Verzichte verlangt, die mit der Gnade Gottes freudig getragen werden können. Was aber letztlich für die einzelne Person zählt, ist nicht die ausgeübte Funktion, sondern die Identifikation mit Jesus Christus und die dabei erreichte Heiligkeit. In dieser Hinsicht gibt es keine Unterschiede zwischen Mann und Frau. Wie viele weitaus heiligere Frauen, die zum Leben der Kirche mehr beigetragen haben und beitragen als viele Priester, gab und gibt es immer noch!

Die Priesterweihe verheirateter Männer ist möglich und findet ja auch schon in den orientalischen Kirchen statt. Trotzdem ist der priesterliche Zölibat, ohne für die Priesterweihe absolut unerlässlich zu sein, keine rein disziplinäre Bestimmung. Die theologischen Gründe, die auf einen tiefen Zusammenhang zwischen Priestertum und Zölibat verweisen und die historischen Zeugnisse aus der Zeit des Frühchristentums sind sehr überzeugend; und man muss sagen, dass die orientalische Praxis, verheiratete Männer zu Priestern zu weihen, nicht einfach ein anderes Verfahren ist, sondern eine Ausnahme darstellt, die besonderen historischen Umständen geschuldet ist: des vollen Respektes würdig, aber eben eine Ausnahme. In jedem Fall würde die Weihe verheirateter Männer das Problem des Priestermangels nicht lösen, was gerade durch die Erfahrung jener Kirchen bestätigt wird, wo es diese Möglichkeit gibt.

Außer der Liturgie geriet auch das Bußsakrament in eine Krise, wie seinerzeit Johannes Paul II. aufgezeigt hat.[36] *Worauf ist diese Vernachlässigung zurückzuführen? Glauben Sie, dass man die übliche Praxis des Bußsakramentes wieder herstellen kann?*

Sicher gibt es mehrere, an verschiedenen Orten auch unterschiedliche Gründe dafür. Einerseits ist der Verlust des Sündenbewusstseins bei vielen Christen zu nennen: nicht zu erkennen, was die Sünde ist und was sie mit sich bringt; man lebt ruhig – zumindest scheinbar – obwohl man weiß, dass man nicht im Einklang mit Gottes Gesetz handelt. Der Satz von Pius XII., den auch Johannes Paul II., wiederholt hat, ist in diesem Zusammenhang sehr bekannt: „Die Sünde des Jahrhunderts ist der Verlust des Sündenbewusstseins"[37]. Dazu trägt ebenso die Unkenntnis der Lehre wie die Verdunkelung des Gewissens bei, die das Verharren in der Sünde hervorzubringen pflegt.

Ein anderer Grund liegt zweifellos im Fehlen von Beichtvätern an vielen Orten – aus Mangel an Klerikern und weil die Priester vieler Gemeinden die Spendung des Bußsakraments vernachlässigt oder manchmal leider gänzlich aufgegeben haben. Häufig hört man, dass es sich eigentlich stärker um eine Krise der Beichtväter als um eine Krise der Beichte handelt. Die Erfahrung zeigt, dass dort, wo Beichtväter verfügbar sind – und zwar im Beichtstuhl – wo sie die Beichtwilligen nicht erst suchen oder im Vorfeld kontaktieren müssen – dass dort die Gläubigen zur Beichte gehen. Die äußerst zahlreichen Beichten im *Braccio di Carlomagno* im Vatikan während des Jahres 2000 und der Erfolg des „Festes der Vergebung" am Weltjugendtag 2011 in Madrid sind sehr bemerkenswerte Beispiele dafür.

---

[36] Vgl. Johannes Paul II., *Reconciliatio et paenitentia,* 02.12.1984, Nr. 28.
[37] Ebd. Nr. 18.

Um die Praxis der häufigen Beichte dort, wo sie fehlt – und sie fehlt an vielen Orten – wieder herzustellen, bedarf es auch – und zwar nicht nur für Kinder oder Jugendliche – einer Katechese über das Wunder der Barmherzigkeit Gottes und der göttlichen Gnade. Man muss das Bewusstsein für das, was die Sünde ist und was sie bedeutet, wecken, gewiss, aber es geht auch darum, die Größe der Liebe Gottes aufzuzeigen, der uns immer mit offenen Armen erwartet, der uns entgegengeht, um uns emporzuheben, zu reinigen, zu stärken und der uns außerdem mit den Worten der priesterlichen Lossprechung die Sicherheit seiner Vergebung schenkt. Der hl. Josefmaria nannte gelegentlich das Bußsakrament das „Sakrament der Freude“ – jener Freude, die im Herzen dessen aufsteigt, der sich vom Bösen befreit und von Gott persönlich geliebt weiß.

Die Kirche ist bemüht, neue Generationen von Christen heranzubilden. Viele erreicht sie tatsächlich durch die Katechesen der Erstkommunion und der Firmung. Danach entfremden sich aber viele wieder. Was muss man tun, um die Jugend in der Kirche zu halten?

Die Gründe dieser Entfremdung von der Kirche nach der Firmung sind von Fall zu Fall sicher unterschiedlich. Wie der italienische Theologe Ugo Borghello[38] herausgearbeitet hat, scheint ein sehr häufiger Grund darin zu liegen, dass viele dieser Jugendlichen in der Kirche nicht jenes Umfeld vorfinden (eine Gruppe oder Gemeinschaft, wie auch immer man es nennen will), mit der sie sich echt identifizieren können, d.h. in der sie sich verstanden und geschätzt wissen. Sie finden dies hingegen in einem Milieu, dem christliche Werte oft fremd sind, sei es in der Familie oder in einem Freundeskreis.

In diesem Sinne scheint es mir besonders wichtig, dass sich die Firmvorbereitung nicht auf die Katechese, im Sinne einer Schulung,

---

[38] Vgl. Ugo BORGHELLO, *Liberare l'amore,* Mailand, Ares, 2009, 107-108.

beschränkt. Der hl. Josefmaria befürwortete und praktizierte eine christliche Bildung, die auf allen Ebenen nicht nur den Verstand, sondern auch den Willen und das Herz anspricht. Um zu einer solchen Bildung zu kommen, die auch in einer dem Glauben feindlichen Umgebung Bestand haben kann, benötigt man ein geeignetes christliches Umfeld, in welchem die Person sich angenommen weiß und sich aktiv einbringen kann (die eigene Familie, wenn sie den Glauben wirklich lebt, verschiedene kirchliche oder zivile Einrichtungen mit katholischem Geist).

6

DAS KONZIL

Das Zweite Vatikanische Konzil (1962-1965) war ein kirchliches Großereignis, das auch dank der weitgehenden Zulassung einer TV-Berichterstattung weltweite Resonanz erfuhr. Inner- und außerhalb der Kirche weckte das Konzil die Hoffnung auf Erneuerung und Revitalisierung. Gemäß den Schlagworten, die damals die Runde machten, schien die Kirche nun bereit, ihre Abwehrhaltung gegen die moderne Welt abzulegen und sich ihren positiven Werten zu öffnen.

Später verbreitete sich die Meinung, alles Frühere sei überwunden. Verwirrung, Enttäuschung und ein Gefühl von Chaos ließen nicht lange auf sich warten.

Zwanzig Jahre nach der Kirchenversammlung gab Joseph Ratzinger, damals Präfekt der Glaubenskongregation, dem Journalisten Vittorio Messori ein ausführliches Interview „zur Lage des Glaubens". Ratzinger erklärte in diesem, das Konzil sei nicht Grund, sondern Gelegenheit und Vorwand für die postkonziliare Krise gewesen. Das Heilmittel sah er daher nicht in einem Schritt zurück oder in der Annullierung des Konzils, sondern in einem wahren Aufbruch aus dem Konzil heraus.

Das II. Vatikanum liegt mittlerweile fünfzig Jahre zurück. Welche Bilanz würden Sie heute ziehen?

Ich denke – und glaube, dass dies die allgemeine Meinung ist – dass die Früchte des II. Vatikanums Licht- und Schattenseiten aufweisen. Manche sehen mehr Licht als Dunkelheit und andere mehr Dunkelheit als Licht. Ich will zuerst mit den Schattenseiten beginnen, um dann mit den Lichtern zu enden, damit letztere stärker hervortreten.

Schon zuvor im Zusammenhang mit einer anderen Frage habe ich mich auf die Krise bezogen, die wir seit vielen Jahren durchleben: schwindende religiöse Praxis der Katholiken in vielen Ländern, Mangel an Berufungen zum Priestertum und zum geweihten Leben, ernste Fehlentwicklungen und Missbräuche in der Liturgie, Verwirrungen im Zusammenhang mit der Lehre in Institutionen und in katholischen Publikationen usw. Wie Benedikt XVI. in seiner

Predigt vom 11. Oktober 2012 anlässlich der Eröffnung des Jahres des Glaubens meinte, sei es in den letzten Jahrzehnten zu einer zunehmenden geistigen „Wüstenbildung“ gekommen. Manche führen diese negativen Erscheinungen nicht allein auf Fehlinterpretationen des Konzils, sondern auf das Konzil selbst zurück. Dennoch, für diese Krise sind weder die Lehren des Konzils verantwortlich (das heißt seine offiziellen Dokumente) noch hauptsächlich falsche Interpretationen dieser Dokumente (obwohl es sie gewiss gab und gibt). Bei dieser Predigt lud Benedikt XVI. dringend dazu ein, zu den Texten und Lehrdokumenten, also zum Wortlaut des II. Vatikanums, zurückzukehren, denn nur dort kann man seinen wahren Geist finden.

Darüber hinaus war die Krise in vielen Bereichen schon vor dem II. Vatikanum offensichtlich oder latent vorhanden. Im Konkreten gaben viele in der Philosophie und Theologie mit der Neuscholastik auch das mit ihr gleichgesetzte Lehrgebäude des hl. Thomas von Aquin auf. Die westliche Kultur insgesamt zeigte Symptome einer Krankheit, die auch vor Katholiken nicht haltmachte. Es zeigte sich bereits ein marxistischer Einfluss auch in kirchlichen Kreisen, und in traditionell katholischen Ländern breiteten sich Ehekrisen und ein Rückgang der Geburtenrate aus, und ganz allgemein war das christliche Leben von zunehmender Lauheit erfasst.

Dennoch scheint unbestreitbar, dass *die Stimmung*, die das Konzil erzeugte, ein Verständnis von Erneuerung begünstigte, das unter *aggiornamento* bzw. „In-der-Gegenwart-Ankommen“ vor allem Veränderung verstand. Die Absicht, das eigene Gewissen zu erforschen, brachte eine Haltung der Selbstanklage und eine Auffassung des Konzils als „Neuanfang der Kirche“ hervor. All das, zusammen mit dem zur damaligen Zeit populären Konzept der *Kreativität*, führte auch zu einem falschen Verständnis in Bezug auf die Beziehung zwischen Gehorsam und Freiheit, wobei tendenziell der Verzicht auf die Ausübung von Autorität betont und Strenge durch Milde ersetzt wurde, und zwar auch unter Umständen in Fällen, in denen Liebe und Gerechtigkeit Strenge erfordert hätten. Oftmals kam mir die traurige Diagnose Kierkegaards bezüglich der Lage der Lutheraner in Dänemark in den Sinn. Seiner Einschätzung nach wurde eine strenge Ordnung durch Zahmheit ersetzt, und jene, die Anordnungen zu treffen hatten, seien feige, und jene, die gehorchen sollten, anmaßend geworden. Auf diese Weise hat die Schalheit – so Kierkegaard – das Christentum der Christenheit abgeschafft.[39] Es scheint klar, dass eine derart umfassende Diagnose nicht auf die gesamte Kirche anwendbar ist und niemals sein wird, aber sie gibt zumindest zu denken. Selbstverständlich muss Strenge, wo die Liebe nach ihr verlangt, immer von der Barmherzigkeit begleitet sein.

Auf der anderen Seite gibt es viele Lichter: an erster Stelle die Botschaft, die Paul VI. als eigentlichen Kern des II. Vatikanums ansah: die Verkündigung der universellen Berufung zur Heiligkeit und zum Apostolat, die zahlreiche Früchte bei Menschen und auch bei neuen wie alten kirchlichen Strömungen hervorgebracht hat, wenn es auch dabei verständlicherweise noch viel zu tun gibt und einiges noch tiefer verstanden werden muss. Als sehr positiv hat sich die größere Verbreitung der unmittelbaren Kenntnis der Hl. Schrift seitens der Gläubigen erwiesen, unabhängig von den Problemen wissenschaftlicher Exegese. Auch einige Aspekte der liturgischen Erneuerung haben sich, neben jenen dunklen Schatten, die ich bereits ansprach, positiv ausgewirkt: beispielsweise die stärkere Teilnahme der Gläubigen in den ihnen zukommenden Bereichen oder der größere Reichtum der biblischen Lesungen. Auch das erneuerte Bewusstsein über das Wesen und die Sendung der Laien in der Kirche ist hier zu nennen. Der Ruf zur Neuevangelisierung,

---

[39] Vgl. Søren Kierkegaard, *Esercizio del Cristianesimo,* Rom, Studium, 1971, 284.

den Johannes Paul II. initiiert und Benedikt XVI. fortgesetzt hat, ist ebenfalls eine Frucht von großer Bedeutung und als solche noch im Keimzustand. Wie sollte man nicht auch die Verbesserung der Beziehungen zu den nichtkatholischen Christen als sehr positiv vermerken? Freilich muss man auch zugeben, dass einige andere Aspekte des Ökumenismus nicht günstig gewesen sind. Schlussendlich – ich will mich hier nicht zu sehr ausbreiten – möchte ich eine weitere Frucht des II. Vatikanums ansprechen, die ich für besonders bedeutsam halte: den *Katechismus der Katholischen Kirche*. Sein Licht muss durchaus noch viel stärker zu leuchten beginnen, indem er noch intensiver von den Gläubigen gelesen und betrachtet wird. Mir ist noch sehr gegenwärtig, was Kardinal Ratzinger bei seiner Veröffentlichung mir gegenüber meinte: „Es ist ein Wunder geschehen".

Lassen wir unsere Rundreise durch die Dokumente des II. Vatikanums mit „Lumen gentium", der dogmatischen Konstitution über die Kirche, beginnen. Darin werden Angelegenheiten wie die Kollegialität der Bischöfe, die gemeinsame Verantwortlichkeit der Hirten und des Volkes in der Sendung der Kirche sowie die spezifische Berufung der Laien behandelt. Manchmal freilich hat sich der Schwung von „Lumen gentium" in der Schaffung von Gremien, Organisationen und Versammlungen erschöpft, welche das Streben nach „Machtanteilen" im kirchlichen Bereich begünstigt haben. Lässt sich aus diesem Dokument noch mehr Nutzen ziehen oder ist schon alles gesagt?

Ich zweifle nicht daran, dass es eine Diskussion über solche Dinge wie das „Streben nach Macht" gibt und gegeben hat. Der Ausdruck selbst gefällt mir aber nicht wirklich. Gewiss ist da und dort eine übertriebene kirchliche Bürokratie entstanden, die weniger eine wirksame Hilfe für die Aufgaben der Bischöfe als vielmehr ein Hindernis dafür ist.

Ist schon alles gesagt? Über die Kirche wird nie alles gesagt sein, insofern sie ein göttlich-menschliches Geheimnis von unauslotbarem Reichtum ist. Genau deshalb muss man die Lehren von *Lumen gentium* in immer neuem Licht entdecken, vielleicht nicht so sehr in organisatorischer Hinsicht als vielmehr in jenen grundsätzlichen Aspekten, auf die ich mich vorhin bezog: Volk Gottes, Leib Christi, Sakrament. In diesem Licht lassen sich dann auch andere grundsätzliche Fragen besser begreifen, wie der Primat des Römischen Pontifex und die Art und Weise der Ausübung seines Amtes. Es gibt darüber hinaus auch ein Feld für eine Vertiefung im Bereich der Kollegialität der Bischöfe, welche die gegenseitige Zuneigung der Bischöfe untereinander beinhaltet, sich aber nicht darin erschöpft. In diesem Zusammenhang finde ich eine Klarstellung durch Johannes Paul II. sehr interessant: Er hielt fest, dass die Gemeinschaft der Bischöfe als theologische Entität unteilbar ist.[40] Das heißt, die – im eigentlichen, theologischen Sinn – kollegialen Handlungen des Episkopats sind nur solche, die vom *gesamten* Episkopat und daher in Einheit mit dem Römischen Pontifex gesetzt werden.

Es fehlt demnach nicht an Themen, die noch vertieft und vor allem besser verwirklicht werden müssen. Man denke an den universalen Ruf zur Heiligkeit, der in *Lumen gentium* besonders unterstrichen wird.

Die Pastoralkonstitution „Gaudium et spes“ über die Kirche in der heutigen Welt ist prototypisch für die Haltung der Öffnung und des Dialogs, welche das Konzil auszeichnet. Auf positive Weise behandelt sie große menschliche Themen: Menschenwürde, Freiheit, Atheismus, Gemeinwohl, soziale Gerechtigkeit, Arbeit, Familie, Kultur, Erziehung, Entwicklung, Zivilgesellschaft, internationale Gemeinschaft etc. Ist diese Konstitution, wenn man sie heute liest, eine Zusammenfassung einer naiven für die sechziger Jahre typischen Anthropologie oder besitzt sie noch immer Gültigkeit?

---

[40] Vgl. Johannes Paul II., *Apostolos suos,* 21.05.1998, Nr. 12.

Gaudium et spes enthält Elemente, welche die Zeit der Verfassung des Dokumentes reflektieren, aber auch andere bedeutsame Aspekte, welche die katholische Lehre über die erwähnten Themen zum Ausdruck bringen: Menschenwürde, Freiheit, Familie usw. Ich möchte insbesondere die Lehre dieser Pastoralkonstitution über die Menschenwürde hervorheben. Sie ist keinesfalls anthropozentrisch, als ob sie den Menschen um seiner selbst willen erhöhen und dabei den für das Christentum wesentlichen Theozentrismus-Christozentrismus vernachlässigen würde.

Es gibt konkret einige Lehrsätze dieses Konzilsdokumentes, die zwar häufig zitiert worden sind und immer noch werden, deren bedeutsame Implikationen aber oft nicht dargelegt werden.

Ich beziehe mich in erster Linie auf den berühmten Satz aus Nr. 24 des Dokuments: Der Mensch sei „auf Erden die einzige von Gott um ihrer selbst willen gewollte Kreatur". Diese Worte erinnern unmittelbar daran, dass Gott die ganze sichtbare Welt auf den Menschen hingeordnet hat. Es bedeutet auch, dass innerhalb der sichtbaren Welt nur der Mensch dazu berufen ist, Gott zu besitzen und sich an ihm zu erfreuen, sodass die Vollkommenheit der menschlichen Person in erster Linie und existenziell mit der Erfüllung des göttlichen Zwecks der Schöpfung einhergeht – mit der Verherrlichung Gottes. Es gibt noch eine andere sehr bedeutsame Konsequenz dieses scheinbar einfachen Satzes von *Gaudium et spes*: Jeder Mensch besitzt das unveräußerliche Recht, von niemandem als *Mittel* für irgendetwas benützt oder als Mittel zu etwas angesehen zu werden, *weil Gott ihn um seiner selbst willen* – und nicht als Mittel zu etwas anderem – *liebt.* Das erinnert an die zweite Ausformulierung des kategorischen Imperativs von Kant, aber im kantischen Denken selbst ist dies nicht hinreichend fundiert. Es leuchtet ein, dass diese Tatsache nicht die soziale Notwendigkeit der Unterordnung von Personen unter andere ausschließt (die Notwendigkeit einer Autorität in der Familie, in der Gesellschaft usw.), aber es formuliert einige Forderungen des gegenseitigen Respekts in allen zwischenmenschlichen Beziehungen.

An zweiter Stelle möchte ich noch einen anderen vielzitierten und häufig kommentierten Satz erwähnen, der zeigt, dass die wahre Erhöhung des Menschen nicht im Anthropozentrismus besteht: Es ist die bekannte Feststellung aus Nr. 22 von *Gaudium et spes*: „Tatsächlich klärt sich nur im Geheimnis des fleischgewordenen Wortes das Geheimnis des Menschen wahrhaft auf" – das heißt in Christus. In Ihm ist die Fülle der Menschlichkeit; Jesus Christus – Gott und Mensch – ist der vollkommene Mensch, der uns zeigt, dass der letzte Sinn und die Vollendung, zu welcher der Mensch ungeschuldeterweise bestimmt ist, übernatürlich sind: die Vereinigung mit Gott. Den Weg dahin findet der Mensch, nach einem Zitat von Nr. 24, „nur durch die aufrichtige Hingabe seiner selbst" an die anderen.

Die Katholiken haben den Ruf, die Bibel kaum zu lesen, jedenfalls im Vergleich zu den Protestanten. Die Konstitution „Dei Verbum" des II. Vatikanischen Konzils weckte unter Katholiken neuerliches Interesse, die Hl. Schrift besser kennen zu lernen, aber es bleibt die Schwierigkeit, die wir vorhin ansprachen: Diese besteht in der Alternative zwischen einer historisch-kritischen Exegese ohne Herz, die das Geheimnis verkennt, und einer Lektüre, die sich an den Buchstaben klammert, was zu fundamentalistischen oder bloß frommen Haltungen führen kann, denen ein vernünftiges Fundament fehlt. Sehen Sie da einen Ausweg?

Wir haben uns mit dieser Frage, die selbstverständlich nicht einfach ist, in gewisser Hinsicht schon befasst. Welchen Ausweg gibt es in dieser Angelegenheit, die manchmal als Dilemma erscheint? Ich denke, es bedarf einer besseren theoretischen und praktischen Auseinandersetzung mit Nr. 12 von *Dei Verbum*. Dort werden die grundlegenden Kriterien der Schriftauslegung aufgezeigt. Diese sollte die gültigen Ergebnisse der historisch-kritischen Studien beachten und gleichzeitig der Einheit der Schrift, der Tradition der Kirche und der Analogie des Glaubens großes Augenmerk schenken. Im apostolischen Schreiben *Verbum Domini* (2010) von Benedikt XVI. finden sich einige mögliche „Auswege". Aus praktischer Sicht ist es sehr wichtig, Bibelausgaben mit solchen Einführungen und Fußnoten zur Hand zu haben, die das Ergebnis der Bemühung um eine Synthese von gesicherten Ergebnissen (nicht nur Hypothesen) der historisch-kritischen Exegese und der unerlässlichen dogmatischen Dimension der Bibellektüre sind.

Die Konstitution *Dei Verbum* enthält sehr wichtige Lehren über die göttliche Offenbarung. Ich halte speziell jene für bedeutsam, die sich auf das Wesen der kirchlichen Tradition und ihr Verhältnis zu Schrift und Lehramt beziehen. Die Tradition beschränkt sich nicht auf eine einfache Weitergabe durch Wiederholung. Es handelt sich um eine *lebendige Tradition*, denn die Weitergabe des Empfangenen – die Offenbarung endete mit dem Tod des letzten Apostels – entwickelt sich unter Mithilfe des Heiligen Geistes. Darüber hinaus ist das Subjekt der Weitergabe einer aktiven Tradition die lebendige Kirche. Wie Nr. 8 von *Dei Verbum* darlegt, gibt die Kirche mit ihrer Lehre, ihrem Leben und ihrer Liturgie den nachkommenden Generationen all das weiter, was sie ist und glaubt.

Zusätzlich scheint es mir auch von Bedeutung zu sein, dass diese dogmatische Konstitution die Überwindung eines Problems ermöglichte, das die Theologie im Vorfeld im Zusammenhang mit dem Verhältnis zwischen Schrift und Tradition beschäftigt hatte – ein Problem, das sich auf die überlieferten Inhalte bezog. Die Lösung dieser Frage ist durch die Feststellung gelungen, dass man beide (Schrift und Tradition) nicht als zwei voneinander unabhängige Quellen betrachten dürfe: Sie bilden gemeinsam mit dem Lehramt der Kirche eine Einheit, sodass sie nicht getrennt voneinander existieren können (Nr. 10 der Konstitution). Die Hl. Schrift ist das erste schriftliche (göttlich inspirierte) Element der Tradition.

Die spätere Tradition stützt sich ihrerseits immer auf die Schrift. Und das Lehramt ist aufgrund göttlicher Einsetzung der authentische Interpret von Schrift und Tradition.

Eine Konsequenz dieser Einheit in Verschiedenheit kommt in einem besseren Verständnis dessen, was die Kirche immer schon gelehrt hat, zum Ausdruck: Das Christentum ist keine „Buchreligion" (im Sinne von *sola scriptura*), denn nur innerhalb der Kirche, d.h. innerhalb der Tradition und mithilfe der Anleitung durch das Lehramt, kann die Schrift verstanden werden. Das behauptete beispielsweise schon Tertullian in seiner Polemik gegen die Häresien. Gewiss mag das antiökumenisch klingen, ist es aber nur scheinbar: Die katholische Lehre wird im ökumenischen Dialog ja nicht aufgezwungen, sondern lediglich vorgeschlagen. Natürlich bildet die Einheit Schrift-Tradition-Lehramt ein wesentliches Kriterium für die wissenschaftliche Interpretation der Bibel, in welche die gültigen und notwendigen Beiträge der historisch-kritischen Exegese einfließen sollen, ohne jedoch aus dem Blick zu verlieren, dass diese nicht die letztgültigen Interpretationsschlüssel darstellen.

Eine der bemerkenswertesten Änderungen, die in den Dokumenten des II. Vatikanums im Vergleich zu früheren Epochen sichtbar ist, bezieht sich auf die Art und Weise, wie die Kirche das Volk der Juden betrachtet. Die Erklärung „Nostra aetate" markiert einen epochalen Wandel (Nr. 4). Wie weit ist man vorangekommen? Was würden Sie vorschlagen, um eine stärkere Verbindung zu den Kindern Israels zu knüpfen und aufrecht zu erhalten?

Zweifellos hat man in Bezug auf die Beziehungen zum Staat Israel und mit den religiösen Anführern der Juden verschiedener Länder Fortschritte gemacht. Wie soll man da nicht an das äußerst bezeichnende Beispiel des Besuchs von Johannes Paul II. in der Römischen Synagoge im Jahre 1986 und jenen von Benedikt XVI. im Jahr 2010 erinnern? Natürlich gibt es immer Raum nach oben für eine Verbesserung des zwischenmenschlichen Umgangs, was mancherorts notwendiger ist als anderswo. Wenn wir an das Volk Israel denken, dürfen wir Christen nicht vergessen, dass Jesus Christus und die Jungfrau Maria Juden waren bzw. sind, und ebenso die Apostel und die ersten Mitglieder der Kirche. Der hl. Josefmaria bemerkte bei verschiedenen Gelegenheiten auch öffentlich, dass die größte und die zweitgrößte Liebe seines Lebens Juden sind: Jesus und seine heiligste Mutter.

Welche Wege würde ich vorschlagen? Man sollte das gegenseitige Kennenlernen fördern, und zwar speziell auf theologischem Gebiet. Vielleicht darf man nicht verallgemeinern, aber mir scheint, dass wir Katholiken das Alte Testament, das wir als Wort Gottes verehren, mehr oder weniger gut kennen, dass den Juden hingegen das Neue Testament weniger oder oftmals gar nicht bekannt ist. Ein offener Dialog über beide Testamente würde sich sicher sehr positiv auswirken.

Das Konzil wollte auch für den Ökumenismus einen starken Impuls setzen, und Sie haben vorhin gesagt, es gebe in diesem Bereich Fortschritte, wobei aber nicht alles positiv zu werten sei. Wie stellt sich die derzeitige Situation im Zusammenhang mit der ökumenischen Bewegung dar?

Was den persönlichen Umgang zwischen Katholiken und nichtkatholischen Christen anlangt, hat es im Allgemeinen zweifellos einen bemerkenswerten Fortschritt gegeben. Auf der Ebene der Lehre scheint die Lage sehr komplex zu sein, denn der Stand des Dialoges ist von Konfession zu Konfession unterschiedlich. Auch hier kann man allgemein wohl sagen, dass ein Fortschritt im gegenseitigen Kennenlernen stattgefunden hat. Man hat in vielen Gesprächen, die über Jahrzehnte seit dem II. Vatikanum mit den Orthodoxen, den Anglikanern, den Lutheranern etc. geführt wurden, viel Mühe aufgewandt, aber es ist nicht zur Einheit mit der katholischen Kirche gekommen. Das Phänomen der anglikanischen Gemeinschaften, die sich neuerdings wieder in die Kirche eingegliedert haben, ist hingegen nicht das Ergebnis von anglikanisch-katholischen Gesprächen über die Lehre gewesen.

Die derzeitige Situation ist meiner Meinung nach durch ein klareres Bewusstsein der bestehenden Schwierigkeiten gekennzeichnet, nicht nur in konkreten Punkten der Lehre, sondern auch in einigen Voraussetzungen des ökumenischen Dialogs selbst. Konkret besteht die Schwierigkeit darin, dass die nichtkatholischen christlichen Konfessionen über keine lehramtliche Autorität verfügen, die eine Einheit des Bekenntnisses garantieren könnte. Man hat auch deutlicher die Schwierigkeiten für das interkonfessionelle Gespräch erkannt, welche die Unterschiede in der theologischen Begrifflichkeit mit sich bringen: Es kann sein, dass man dasselbe sagt, es aber unterschiedlich versteht. Ein weiteres sehr großes Hindernis entsteht dadurch, dass es über die unmittelbare Zielsetzung des Dialogs unterschiedliche Vorstellungen gibt. Soll man das Gemeinsame in den Blick nehmen oder im Gegenteil das Trennende, um zu einer Lösung zu kommen? Soll man die volle Einheit anstreben oder eher eine gegenseitige Anerkennung? Man darf auch nicht verkennen, dass – nicht bei den offiziellen Gesprächen – ein falsches Verständnis des Ökumenismus weit verbreitet ist. Man meint – und handelt dann auch dementsprechend – dass die Katholiken an einer Konversion eines Nichtkatholiken zur katholischen Kirche kein Interesse haben dürften. Natürlich unterschreibe ich nicht, was ich einen deutschen Jesuiten-Theologen vor einigen Jahren – nicht ganz im Scherz – sagen hörte: „Der Ökumenismus hat erreicht, dass viele Katholiken nun eigentlich Protestanten geworden sind." Wie jede Übertreibung enthält die Aussage allerdings ein Körnchen Wahrheit.

Was sind derzeit die wichtigsten Fragen im Zusammenhang mit dem Fortschritt hin zur Einheit der Christen?

Es gibt viele bedeutsame Fragen, darunter aber gibt es drei, die miteinander wesenhaft verknüpft sind und die man aus gutem Grund als grundsätzlich erkannt hat. Eine erste sehr radikale besteht darin: Was versteht man unter *Kirche?* Eine zweite: Was versteht man unter *Einheit der Kirche*? Und an dritter Stelle die Frage nach dem *Primat* des Römischen Pontifex. Man sieht schon, dass es sich hier nicht um Detailfragen handelt. Außerdem ist heute mehr denn je von Bedeutung, was uns bei Fragen der Morallehre unterscheidet. Der Weg des Ökumenismus ist lang, schwierig und mit unsicherem Ausgang. Aber die Kirche darf nicht aufgeben, denn es ist Christi Wille, dass wir uns um diese Einheit bemühen, um die der Herr selbst den Vater gebeten hat (Joh 17,21).

Sie haben vorher schon auf die Deklaration „Dignitatis humanae" – über die Religionsfreiheit – verwiesen. Es handelt sich zweifellos um eine der Neuheiten des II. Vatikanums im Zusammenhang mit der Beziehung der Kirche zur modernen Welt, auf die am häufigsten hingewiesen wird. Dass es sich um eine Neuheit handelt, ist völlig klar. Es gibt außerdem einige, die hier einen Bruch mit der katholischen Lehre sehen. Benedikt XVI. verwies mehrmals auf die Notwendigkeit einer Hermeneutik der Reform in Kontinuität als Gegenpol zu einer Hermeneutik des Bruches oder der Diskontinuität. Könnten Sie diese Angelegenheit ein bisschen näher erklären?

Die Frage wurde bereits am Konzil selbst gestellt: Die Religionsfreiheit schien im Widerspruch zu der vor dem Konzil von der Kirche vertretenen Lehre zu stehen. Am Konzil selbst aber wurde versichert, dass es diesen Widerspruch nicht gibt, und der Text wurde von den Konzilsvätern und dem Papst approbiert. Die Schwierigkeit bestand darin, dass in früheren Dokumenten des kirchlichen Lehramts Thesen verurteilt wurden, die wörtlich genommen, genau die vom II. Vatikanum gelehrte Religionsfreiheit enthielten. Von daher ergibt sich die Notwendigkeit einer korrekten Interpretation im Sinne einer *Hermeneutik der Reform in Kontinuität*, die in Anerkennung der offensichtlichen Neuheit der Lehre des II. Vatikanums die Nicht-Widersprüchlichkeit zu der vordem behaupteten kirchlichen Lehre aufzeigt.

Es ist notwendig, die Einheit des Lehramtes im Auge zu haben, nicht nur ihres Subjekts – der Kirche – sondern auch des Objekts – der Lehre. In welchem Sinne? In dem Sinne, dass lehramtliche Texte aus verschiedenen Epochen über ein und dieselbe Materie sich gegenseitig erhellen können. Deshalb muss bezüglich der Religionsfreiheit nicht nur das II. Vatikanum im Licht der zuvor von der Kirche gelehrten Lehre interpretiert werden, sondern auch diese Lehre im Licht des II. Vatikanums besser – umfassender – verstanden werden. Dabei müssen die verschiedenen Grade der Autorität der Dokumente in Rechnung gestellt und das Prinzip beachtet werden, dass das Dunkle durch das Helle erleuchtet wird und nicht umgekehrt. Dazu müssen sowohl die Abhandlungen des II. Vatikanischen Konzils als auch die historischen und lehramtlichen Kontexte der vorhergehenden Aussagen des Lehramtes untersucht werden. Kurz und vereinfachend zusammengefasst, denn es gibt hier zahlreiche bedeutsame Schattierungen, lässt sich Folgendes sagen: Es ist offensichtlich, dass sich die praktischen, sozio-politischen Konsequenzen der Lehre des II. Vatikanums und jene der vorangehenden Lehraussagen nicht decken. In katholischen Staaten wurde die Freiheit anderer Religionen nicht anerkannt (oder höchstens toleriert). Nun muss jeder Staat, was ich schon bei einer anderen Gelegenheit erwähnte, diese Freiheit innerhalb der Grenzen einer gerechten öffentlichen Ordnung, die objektiven moralischen Normen genügt, respektieren. Aber dieser praktische Unterschied steht nicht im Widerspruch zu jener theoretischen Doktrin, denn vorher wurde eine Freiheit verurteilt, die als Objekt eines positiven staatlichen Rechts verstanden wurde, basierend auf der *moralischen* Freiheit, eine Religion zu wählen (einer Freiheit, die nicht existiert, denn jeder Mensch ist moralisch verpflichtet, die Wahrheit in religiösen Belangen zu suchen). Auf dem II. Vatikanum hat man einen naturrechtlichen Aspekt über die Grenzen staatlicher Macht eingehend untersucht und geklärt, konkret in der Frage der Religion. Darin wurde ein negatives staatliches Recht (ein Recht darauf, in der Religionsausübung nicht behindert zu werden) bestätigt, das nicht auf einer nicht vorhandenen *moralischen* Freiheit, eine beliebige Religion zu wählen, beruht, sondern auf der Beschränkung staatlicher Macht über die Personen. Von daher ist die zuvor von der Kirche verurteilte Religionsfreiheit nicht jene, die das II. Vatikanum gelehrt hat. Mit denselben Worten werden verschiedene Wirklichkeiten bezeichnet. Und das ist nicht der einzige Fall innerhalb der Kirchengeschichte, wo das passiert ist.

Es ist wohlbekannt, dass das II. Vatikanum für einige etwas Definitives und Unantastbares ist, während es nicht an Stimmen fehlt, die gewisse Lehren dieses Konzils in Frage stellen oder sogar offen zurückweisen. Ist es einem Katholiken, der Christus und seiner Kirche vollkommen treu sein möchte, gestattet, bei einigen Lehren des II. Vatikanums anderer Meinung zu sein?

Gegenüber jeglicher authentischen Äußerung des kirchlichen Lehramtes, so auch des II. Vatikanischen Konzils, wird ein Katholik die Haltung der Annahme zeigen, je nach der Art der Zustimmung, welche die verschiedenen Lehren erfordern. Die Kongregation für die Glaubenslehre behandelte in einer Instruktion über die Funktion der Theologen ausdrücklich diese Frage.[41] In diesem Dokument wird die Möglichkeit erörtert, dass jemand in einer grundsätzlichen Haltung der Annahme und mit einer profunden theologischen Vor-

[41] Vgl. KONGREGATION FÜR DIE GLAUBENSLEHRE, *Donum veritatis*, 24.05.1990, Nr. 30-31.

bereitung sowie nach ernsthaftem Studium eine bestimmte vom kirchlichen Lehramt vorgetragene Lehre, die keine Glaubensangelegenheit betrifft und in keinem endgültigen Dokument gelehrt worden ist, für zweifelhaft oder gar irrig ansieht. In einem solchen Fall – so erklärt das Dokument – besteht die korrekte Haltung darin, der zuständigen kirchlichen Autorität (im Falle des Konzils, dem Heiligen Stuhl) – und, wie die Instruktion ergänzt, nicht den Medien – die Schwierigkeiten, die sich ergeben mögen, im ehrlichen Wunsch, sie zu lösen, offenzulegen. Wenn nach neuerlicher Untersuchung und gegebenenfalls Gesprächen mit der zuständigen Autorität die Schwierigkeiten nicht ausgeräumt sein sollten, ist weiter eine Haltung der Offenheit notwendig, um das Studium zu vertiefen. Natürlich muss man für die Lösung dieser möglichen Zweifel auch die späteren Äußerungen des Lehramtes berücksichtigen.

So wie nach dem Konzil von Trient der Katechismus des hl. Pius V. kam, so entspricht der „Katechismus der Katholischen Kirche“ dem II. Vatikanum. Nun wurden nach dem letzten Konzil verschiedene Modelle der katholischen Glaubensdarlegung ausprobiert. Eines der verbreitetsten verwendet die Bibel als Ausgangspunkt. Der neue Katechismus hingegen folgt dem traditionellen Schema: Glaubensbekenntnis, Sakramente, Gebote und Gebet. Halten Sie diese Zugangsweise für richtig?

Sie scheint mir richtig zu sein. Wie ich vorhin sagte, ist der *Katechismus der Katholischen Kirche* eine bedeutsame Frucht des II. Vatikanischen Konzils, und sein allgemeines Schema ist, wie jenes des Katechismus des hl. Pius V., besonders gut geeignet für eine geordnete und vollständige Katechese über die katholische Lehre. Es hätte zweifellos andere mögliche Schemata gegeben, aber das gewählte besitzt eine Einfachheit und Klarheit, die sowohl die Ausarbeitung als auch die Anwendung des Katechismus erleichtert. Die vier Teile, aus denen der Katechismus besteht, wirken wie ein

Widerhall des Lebens der Frühkirche, wie es die *Apostelgeschichte* beschreibt: *Sie hielten an der Lehre der Apostel fest und an der Gemeinschaft, am Brechen des Brotes und an den Gebeten* (Apg 2,42). Bezüglich der Verwendung der Bibel als „Ausgangspunkt" sei angemerkt, dass der Katechismus die Hl. Schrift ungefähr viertausend Mal zitiert.

Sie haben vorher gesagt, dass der universelle Ruf zur Heiligkeit und zum Apostolat, nach Worten von Paul VI. selbst, den Kern des Konzils ausmacht. Gilt das nicht auch für die Lehre des hl. Josefmaria? Wie passt der Geist des Opus Dei zu den Hauptideen des II. Vatikanums?

Der hl. Josefmaria sah einen Grund für große Dankbarkeit gegenüber Gott darin, dass das II. Vatikanische Konzil ausdrücklich und weitgehend jene Lehren, die er seit den Anfängen des Opus Dei im Jahr 1928 verkündet hatte und für die er jahrelang in verschiedenen katholischen Kreisen scharf kritisiert worden war, nun selbst lehrte. Ich beziehe mich dabei vor allem, aber nicht ausschließlich, auf das, was Sie soeben erwähnt haben: den universellen Ruf zur Heiligkeit und die Würde und kirchliche Sendung der Laien.

Ein Ruf zur Heiligkeit, nicht nur in dem Sinne, dass alle gerufen sind (sogar das war für viele eine Neuheit), sondern dass alle edlen menschlichen Gegebenheiten heiligbar und heiligend sind: die berufliche Arbeit, das Familienleben, die gesellschaftlichen Beziehungen usw. Das geht außerdem mit einer positiven Wertschätzung der von Gott geschaffenen Welt einher, ohne dabei die Gegenwart von Sünde und die Macht der Erlösung zu verkennen. In diesem Sinne versteht man gut, dass Johannes Paul II. den hl. Josefmaria anlässlich der Seligsprechung als „Heiligen des Alltäglichen"[42]

[42] JOHANNES PAUL II., Ansprache vor den Pilgern, die an der Heiligsprechung des seligen Josefmaria Escrivá de Balaguer teilgenommen haben, 07.10.2002.

bezeichnete. Die Tatsache, dass zahllose Menschen den Ruf zur Heiligkeit nicht kennen – oder sich zumindest dieser erfreulichen Realität nicht bewusst sind – tut der Universalität dieses Rufes keinen Abbruch. Vielmehr werden wir daran erinnert, dass die Ökonomie der Fleischwerdung und des Heils im Mysterium der Kirche und, darüber hinaus, in der unergründbaren Vergegenwärtigung Gottes im Herzen jedes Menschen fortlebt. Das Wort Gottes, das zur Heiligkeit ruft, will in allen Völkern durch das Wort der Kirche und durch das Wort der Jünger des Herrn vernommen werden.

Was die Sendung der Laien anlangt, sind der Lehre des II. Vatikanums sowohl Laizismus als auch Klerikalismus fremd. Es lässt sich vielmehr eine sehr hohe Wertschätzung von Freiheit und Verantwortung erkennen. Johannes Paul II. hat 1979 in Castelgandolfo bestätigt, dass die Lehren des hl. Josefmaria die Theologie des Laienstandes, die später die konziliare und postkonziliare Kirche kennzeichneten, vorweggenommen hatten.[43] Man muss auch die ökumenische Öffnung erwähnen, die, wie gesagt, viele Jahre vor dem Konzil bereits den hl. Josefmaria dazu bewegte, den Hl. Stuhl zu bitten, dass Nichtkatholiken als Mitarbeiter des Opus Dei aufgenommen werden können.

Ohne mich hier länger aufzuhalten, möchte ich nur hinzufügen, dass es gerade das II. Vatikanische Konzil war, das in dem Dekret *Presbyterorum ordinis* (Nr. 10) die rechtliche Gestalt einer Personalprälatur vorsah, welche die geeignete kanonische Form für das Opus Dei ist.

[43] Vgl. JOHANNES PAUL II., Predigt am 19.08.1979.

7

NEUEVANGELISIERUNG

Das Christentum ist historisch und geographisch gesehen außerhalb von Europa entstanden, stellt aber zweifellos eine bedeutende Quelle der europäischen Kultur dar. Zugleich hat das Christentum, wie der damalige Kardinal Joseph Ratzinger 2005 in Subiaco feststellte, „gerade in Europa seine historisch bedeutsamste kulturelle und intellektuelle Prägung erhalten und bleibt daher auf besondere Weise mit Europa verknüpft".

Europa exportierte eng miteinander verflochten seinen christlichen Glauben, seine Kultur und Zivilisation in alle Welt. Der europäische Einfluss war dabei nicht ausschließlich positiv. Unleugbar ist vor allem, dass Europa im vergangenen Jahrhundert großes Unheil über sich und weite Teile der Welt brachte.

Lange davor schon hatte der Glaube seine inspirierende Kraft auf europäischem Boden weitgehend eingebüßt. Eine Evangelisierung wie jene, die von Petrus und Paulus, Jakobus, Patrick, Augustinus, Kyrill und Methodius und anderen großen Glaubensboten auf dem Kontinent ausgegangen ist, scheint notwendiger denn je. Johannes Paul II. sprach schon im ersten Jahr seines Pontifikats von der „Neuevangelisierung" der Länder alter christlicher Tradition. Benedikt XVI. richtete mit der Konstitution „Ubicumque et semper" den Päpstlichen Rat zur Förderung der Neuevangelisierung ein.

Sie sind einer der Konsultoren dieses Rats und können uns seine Funktion und Bedeutung sicherlich erläutern. Vor allem aber: Wer sollen die Pioniere der Neuevangelisierung sein?

Der Zweck dieses Päpstlichen Rates ist eindeutig in jenem Dokument erklärt, mit dem Benedikt XVI. ihn errichtete. Er stellt eine Antwort dar auf die deutlich wahrnehmbare Entfremdung vom Glauben in breiten Teilen der Bevölkerung in jenen Ländern, die vor Jahrhunderten evangelisiert wurden. In Gebieten, deren Evangelisierung noch nicht so lange her ist, breitet sich das Christentum heute kraftvoll aus, schreitet langsam voran oder erlebt vielleicht verschiedene Höhen und Tiefen. Jedenfalls ist es noch nicht fest verankert. In Europa hingegen zeigt sich ein

Rückgang: Die Gesellschaft wurde einst christlich und jetzt geht das wieder zurück.

Die Konstitution *Ubicumque et semper* zeigt die Hauptsymptome der Entchristlichung auf. Das Dokument erwähnt nicht nur die Abnahme der religiösen Praxis, sondern insbesondere auch die Säkularisierung der Kultur und den Rückgang einer christlichen Auffassung des Lebens. Die Art und Weise, wie „grundlegende menschliche Erfahrungen" gesehen werden, ist in Unordnung geraten: Man glaubt, es wäre besser, sich das Leben zu nehmen, wenn man Schmerzen leidet oder die Selbstständigkeit verloren hat; man verneint die Existenz eines natürlichen Sittengesetzes, das für alle Menschen gültig wäre.

Angesichts dieser Phänomene drängt das Dokument dazu, unterschiedliche Möglichkeiten in Betracht zu ziehen, wie etwa die Nutzung der heutigen Massenmedien, einschließlich jener, die sich in den letzten Jahren ausgebreitet haben, oder die Verbreitung des *Katechismus der Katholischen Kirche* oder eben Wege, die in unterschiedlichen Fällen angemessen erscheinen. Das Dokument lässt nicht unbetont, dass dieser Antrieb kein auf Expansion ausgerichtetes menschliches Projekt ist. Die Neuevangelisierung ist in Wirklichkeit ein ständiger Auftrag der Kirche angesichts einer *neuen* Situation, in diesem Fall der Situation einer verbreiteten Säkularisierung von Ländern mit alter christlicher Tradition. Der gesamte Auftrag der Kirche kann als *traditio evangelii*, als Überlieferung des Evangeliums zusammengefasst werden, und zwar im paulinischen, globalen Sinn, als *Kraft Gottes, die jeden rettet, der glaubt* (Röm 1,16), eine Überlieferung, die in der Verkündigung des Wortes und in der Feier der Sakramente gipfelt.

Der Auftrag der Kirche ist auch der Auftrag eines jeden einzelnen in der Kirche. So ist auch die Neuevangelisierung nicht nur einigen wenigen (Bischöfen, Priestern etc.) anvertraut, sondern allen Menschen, jedem auf seine Weise, entsprechend seiner

Situation innerhalb der Kirche. In diesem Sinne ist es von besonderer Bedeutung, das Verantwortungsgefühl dafür in jedem gläubigen Laien, gleich ob Mann oder Frau, zu wecken. Die Neuevangelisierung beschränkt sich nicht auf die Schaffung von Strukturen, wie den neu errichteten Päpstlichen Rat oder diverse nationale Organisationen, die von den Bischofskonferenzen ins Leben gerufen werden können, wie dies auch in *Ubicumque et semper* vorgesehen ist. Einer der Aufträge dieser neuen Struktur ist es gerade, die individuelle Verantwortlichkeit der Katholiken anzusprechen, sei es auf direkte Weise oder über die Diözesen.

Sie meinen, die Laien sollen evangelisieren. Ich glaube, viele würden gerne denjenigen helfen, die sich mit dem Wunsch, der Kirche näher zu kommen, an sie wenden, aber nicht viele möchten die Initiative ergreifen, Menschen anzusprechen, die kein Interesse zeigen. Was sollte man tun, um in den gläubigen Laien den Geist der Evangelisation zu wecken?

Die Kirche muss zuerst einmal ihre eigenen Mitglieder tiefer in den Glauben einführen, indem sie jedem einzelnen die vollständige Lehre des Evangeliums und die Fülle der Heilsmittel zukommen lässt. Nur aus dieser Lehre heraus und ausgehend von den Sakramenten – insbesondere dem Sakrament der Eucharistie, wenn es mit jener Reinheit der Seele empfangen wird, die das Sakrament der Buße gewährt – wird der Geist der Evangelisation entspringen. Zu diesem Zweck ist der Dienst der Priester an den Laien grundlegend. Es geht nicht darum, dass die Laien in Aufgabenbereichen der Priester mitwirken (einige werden es tun müssen), sondern darum, ihnen in Treue und mit Begeisterung das Wort Gottes, das zum Apostolat antreibt, nahe zu bringen und sie mit den Sakramenten zu stärken.

Wenn ich also von der Weckung der apostolischen Verantwortung der gläubigen Laien spreche, dann will ich nicht nur und nicht in erster Linie sagen, sie sollten ermuntert werden, den Priestern zu helfen, zum Beispiel durch eine Mitarbeit bei Aufgaben in der Pfarrei, wie der Katechese oder bei der Vorbereitung liturgischer Feiern. Selbstverständlich ist das manchmal angebracht oder notwendig. Aber der ursprüngliche und eigentümliche Auftrag der Laien ist nach den Worten des II. Vatikanums ein anderer. Die Laien sollen dafür sorgen „dass die Kraft des Evangeliums im alltäglichen, familiären und gesellschaftlichen Leben leuchte“[44]. Immer freilich ist es notwendig, dass die Laien mit ihren Hirten kommunizieren. Sowohl die geweihten Priester als auch die gläubigen Laien sind für den Auftrag der Kirche verantwortlich. Aber die einen wie die anderen führen ihn auf je eigene Weise aus. Die Laien müssen sich darüber im Klaren sein, dass ihre Pflicht zur Evangelisierung keines Auftrags der kirchlichen Hierarchie bedarf, sondern direkte Konsequenz ihres Christseins ist: Diese Pflicht entspringt der Taufe und der Firmung, und es ist damit Jesus Christus selbst, der uns verpflichtet. Die Taufgnade und ihre Bestätigung durch das Geschenk des Heiligen Geistes in der Firmung befähigen alle Christen, ihrer Verantwortung für die Weitergabe des Evangeliums gerecht zu werden. Das ist eine Aufgabe, die allen Mitgliedern der Kirche zukommt. Einige von ihnen – die geweihten Diener und die Ordensleute – bekommen darüber hinaus einen besonderen Auftrag aufgrund ihrer Weihe (im Falle der Kleriker, der Priesterweihe). Die gläubigen Laien hingegen haben, ohne dass sie dafür geweiht werden müssten, jene spezifische Mission, die ich soeben mit den Worten von *Lumen gentium* angesprochen habe.

Man darf das Apostolat der Laien nicht bloß oder nicht notwendigerweise als Erfüllung konkret definierter Aufgaben auffassen. So wie die Fähigkeiten und Umstände der einzelnen Menschen sehr unterschiedlich sind, so werden sie auch ihren

---

[44] II. VATIKANISCHES KONZIL, *Lumen gentium,* Nr. 35.

Evangelisierungsauftrag auf ganz unterschiedliche Weisen ausüben. Unter diesen nimmt die persönliche Weitergabe des Evangeliums im Zusammenleben mit Menschen aus verschiedenen Lebensbereichen einen besonderen Platz ein – in der Familie, am Arbeitsplatz, in der Nachbarschaft oder in diversen Vereinen usw. Ich sage, dass sie einen besonderen Platz einnimmt, weil sie die unmittelbarste und natürlichste Art darstellt, die weltlichen Angelegenheiten mit christlichem Geist durch jene zu beleben, die in dieser Welt zuhause sind. Dies entspricht einer sehr bedeutsamen Dimension des menschlichen Lebens: dem zwischenmenschlichen Dialog. Er wächst auf spontane Weise, wenn es ehrliche Freundschaft gibt. Freunde leben zusammen, reden miteinander und teilen miteinander ihre Erlebnisse. Jeder ist bemüht, den anderen an den guten Dingen, die er erfahren hat, teilhaben zu lassen. Logischerweise will ein Christ seinen Freund dann auch an den Schätzen des Glaubens teilhaben lassen. Unter Freunden geschieht die Weitergabe des Glaubens in einem Klima totaler Freiheit und Vertrautheit. Auch die Mitteilung anderer Gedanken oder Überzeugungen ergibt sich beim freundschaftlichen Umgang normalerweise völlig zwanglos. Wenn es sich um den Glauben handelt, wird der Freund nicht so sehr überredet als ihm vielmehr ein Zeugnis angeboten, das noch stärker wirkt, wenn es von jener Freude begleitet ist, die den Kindern Gottes eigen ist. Es handelt sich dabei um einen typischen Ausdruck des Glaubens und der Dynamik der Verständigung mit anderen. Um aber dieses Zeugnis anzunehmen und sich dem Glauben zuzuwenden, bedarf es der freien Zustimmung und selbstverständlich vor allem der Gnade Gottes.

Die Berücksichtigung der Freiheit bedarf meines Erachtens eines besonderen Feingefühls. Die Evangelisierung geschieht ja in einem Umfeld, das von einer Pluralität der Weltanschauungen, der Glaubensüberzeugungen und der Wertvorstellungen geprägt ist. Wie kann der Auftrag der Kirche in einem derart pluralistischen Umfeld ausgeführt werden?

Die erste Evangelisierung der verschiedenen Völker musste logischerweise immer in einer nichtchristlichen Umgebung durchgeführt werden. Die Neuevangelisierung stellt in dieser Hinsicht, trotz ihrer Besonderheiten, keine Neuheit dar. Die Weitergabe des Evangeliums verlangt immer die Achtung vor der Freiheit der Personen, eine Achtung, die der Gerechtigkeit und der Liebe geschuldet ist.

Die Kirche lebt ihren Auftrag, indem sie das Evangelium vorschlägt, niemals indem sie es aufzwingt. Der Glaube kann nur in Freiheit angenommen werden. Wollte man die eigenen Überzeugungen – in diesem Fall die Wahrheit des Evangeliums – mit irgendeiner List oder mit Gewalt aufdrängen, wäre dies inakzeptabel. Eine solche Art des Proselytismus würde dem Geist des Evangeliums direkt widersprechen. Davon zu unterscheiden ist das Bestreben, Glaubensanhänger zu gewinnen, also die Evangelisierung in ihrem ursprünglichen, positiven Sinn, wie sie uns im Neuen Testament begegnet (vgl. Apg 2,11; 6,5; 13,43). Dieses Bestreben ist nicht nur in Ordnung, sondern stellt eine Forderung der missionarischen Sendung dar, mit der Jesus Christus seine Kirche betraut hat. Auch im zivilen, politischen und juridischen Bereich gilt das Bestreben, Anhänger zu gewinnen, als Element der Religionsfreiheit. Die Evangelisierung respektiert und verteidigt, in welchem Umfeld auch immer, die Gewissensfreiheit. Das heißt aber keineswegs auf die freimütige Verbreitung des Evangeliums zu verzichten. Dabei geht es ja nicht darum, Anhänger der eigenen Überzeugungen zu gewinnen, sondern vielmehr um die Absicht, anderen vom unerhörten Schatz der wahrhaften Kenntnis Jesu Christi zu erzählen.

Zuvor haben Sie erwähnt, dass die Konstitution „Ubicumque et semper" dazu einlädt, neue Formen der Verbreitung der christlichen Botschaft durch die Medien zu erproben. Man denkt dabei sofort an die boomenden sozialen Netzwerke. Dennoch denke ich, dass die öffentliche Meinung weiterhin hauptsächlich durch die Massenmedien bestimmt wird. Und in diesen wird die Kirche fast nur dann behandelt, wenn es ein Thema gibt, das sich für Polemik eignet. Was würden Sie empfehlen, damit die Botschaft in diesen Medien besser vermittelt wird, ohne auf Streitfragen beschränkt zu bleiben?

Mir scheint, dass es zwei grundsätzliche Ebenen gibt, auf denen man Einfluss nehmen sollte. An erster Stelle möchte ich die Heranbildung von Fachleuten der Kommunikationswissenschaften, die auf einem hohen Niveau agieren und Christen mit Herz und Verstand sind, nennen. In dieser Hinsicht ist schon viel geschehen, aber das Feld ist sehr groß und es bleibt noch viel zu tun. Auch ist es hilfreich, Katholiken mit finanziellen Ressourcen zu bitten – es gibt deren viele in zahlreichen Ländern – sich ein Herz zu fassen und das Risiko auf sich zu nehmen, in die kostenintensiven Massenmedien zu investieren. Die einen wie die anderen – Fachleute und Unternehmer – werden auf eigene Verantwortung tätig werden. Sie werden mehr oder weniger erfolgreich sein und ihre eigenen Entscheidungen zu fällen haben. Wenn sie aber über christliche Grundsätze verfügen, werden sie durch ihre gut verrichtete Arbeit viel Gutes bewirken und auf diese Weise dazu beitragen, die mit den Medien in Verbindung stehenden Berufe in einem christlichen Sinne auszurichten.

Eine solch christliche Ausrichtung soll nicht heißen, dass vorwiegend religiöse Inhalte reproduziert werden (oft wird man das tun müssen, denn religiöse Themen sind von allgemeinem Interesse), sondern die verschiedenartigsten Inhalte mit christlichem Sinn abzuhandeln: wahrheitsgetreue Informationen und Berichte mit Respekt vor dem Einzelnen und Erzählungen und Gedichte, die im Einklang mit der Menschenwürde stehen.

Abgesehen davon, dass eine Evangelisierung durch die Medien angebracht ist, braucht es auch Menschen, die nach dem Evangelium leben, während sie im Medienbereich arbeiten, und die ihren Kollegen den Glauben näher bringen. In diesem Sinne scheint es mir sehr wichtig, Christen dazu zu ermuntern, als Journalisten von Presse, Rundfunk und Fernsehen, als Filmproduzenten und als Regisseure sowie als Kreative und Unternehmer in der Werbebranche usw. zu arbeiten.

Zum Schluss verweise ich auf einen Bereich, der mit den Massenmedien nichts zu tun, aber eine große Rückwirkung auf das gesellschaftliche Leben und die öffentliche Meinung hat – die Modeindustrie. Es ist viel Mühe aufzuwenden, damit die Mode jene Eleganz fördert, welche die Würde der Person hervorhebt, insbesondere jene der Frau, die leider so oft als Objekt präsentiert wird.

In der Soziologie und in der Anthropologie wird auf die Bedeutung des Beispiels verwiesen. Die Kirche hat immer die Lebensgeschichten der Heiligen als Vorbilder vor Augen gestellt. Wie kann dieser Reichtum der Kirche stärker ins Licht gerückt werden? Wäre das ein Weg für die Neuevangelisierung?

Zweifellos! Häufig aber betrachtet man fälschlich die Heiligen als im Grunde unnachahmbare Modelle. Darum ist wohl für viele das christliche Lebenszeugnis des Nächsten, sei es in der Familie, im Beruf oder in der Gesellschaft, noch wichtiger. Zuvor habe ich Johannes Paul II. zitiert, der den Gründer des Opus Dei den „Heiligen des Alltäglichen" nannte. Er bezog sich darauf, dass der hl. Josefmaria die Möglichkeit der Heiligung des gewöhnlichen Lebens in die Mitte seiner Verkündigung rückte und auch, dank göttlicher Eingebung, einen konkreten Weg dafür wies. Für die Neuevangelisierung bedarf es vieler Menschen, die authentische Beispiele christlicher Lebensführung sind, und zwar in Lebenssituationen, die der Mehrheit der Menschen bekannt sind: Mütter und Väter, Arbeiter, Intellektuelle, Künstler, Junge und Alte etc. Auch Kardinal Ratzinger sprach in einer Spezialausgabe des *Osservatore Romano,* die der Heiligsprechung des hl. Josefmaria (6. Oktober 2002) gewidmet war, vom „Heroismus“ der Heiligen: Heroismus bedeute nicht, dass die Heiligkeit nur für einige „Große“ in Frage käme, die für gewöhnliche Menschen undurchführbare asketische Übungen verrichten.

Für einige von ihnen wird man den Seligsprechungsprozess eröffnen können, und ihr Beispiel wird fortwirken. Tatsächlich schenkt die Kongregation für die Heiligsprechungsprozesse Menschen unserer Epoche auf Wunsch von Johannes Paul II. besonderes Augenmerk. Da sie in Umständen, die unseren ähnlich sind, gelebt haben, sind sie uns näher stehende Beispiele.

Häufig spricht man von den christlichen Wurzeln Europas. Wo sind diese Wurzeln sichtbar? Wie kann das Leben der Kirche wieder an Kraft gewinnen?

Die christlichen Wurzeln Europas sind einerseits in der Entstehungsgeschichte der europäischen Nationen, im Ursprung der Universitäten etc. sichtbar. Sogar die zahlreichen christlichen Namen von Städten und Dörfern sowie Ursprung und Inhalt zahlreicher Volksfeste verweisen auf sie. Vor allem aber sind diese Wurzeln in den grundlegenden Werten sichtbar, die noch heute die positiven Aspekte der europäischen Kultur prägen: die Freiheit, die Solidarität, die für alle Menschen gleiche Würde usw. Darauf habe ich schon vorhin hingewiesen: Es war nicht die Französische Revolution, die Freiheit, Gleichheit und Brüderlichkeit hervorbrachte.

Damit das kirchliche Leben an Kraft gewinnt, ist es notwendig, dass der universale Ruf zur Heiligkeit nicht nur eine schöne „theologische Lehre“ bleibt, sondern immer mehr zu einem wahrgenommenen, angenommenen und von den Katholiken, speziell den Laien, umgesetzten Ruf wird. Die Antwort auf diesen Ruf bedeutet ein Leben des ständigen Gebetes – *dass sie allezeit beten und darin nicht nachlassen* (Lk 18,1); *beharrlich im Gebet* (Röm 12,12) –, des häufigen Sakramentenempfangs, der theologischen Bildung – dem Niveau des Einzelnen angepasst – und des uneingeschränkten Bekenntnisses zum Lehramt der Kirche. Freilich gehört die Planung und Organisation verschiedener Aktivitäten auch dazu, aber wenn sie nicht dazu führen, dass sich die Gläubigen ernsthaft bemühen – wie der hl. Josefmaria sagte – *Menschen des Gebetes und der Eucharistie* zu sein, dann sind alle Pläne, Aktivitäten und Versammlungen etc. umsonst. Deshalb ist es sehr wichtig – ich habe schon zuvor darauf hingewiesen – dass die Gläubigen, insbesondere die Jugendlichen nach ihrer Firmung, ein Umfeld (Familie, Freundeskreise, kirchliche Einrichtungen etc.) finden, in denen sie sich angenommen, verstanden und geliebt und auch aktiv fühlen, ein Umfeld, in dem die selben christlichen Ideale geteilt werden.

Ich verstehe, dass Sie den Vorrang des Inneren vor der äußeren Aktivität betonen wollen. Aber kann denn „das ständige Gebet" für gewöhnliche Menschen erreichbar sein?

Ja, es ist erreichbar. Es stellt ein Ziel dar, zu dem jeder Christ mithilfe der Gnade Gottes und der persönlichen Bemühung kommen kann. Man muss aber auch verstehen, dass es nicht darum geht, ständig Gebete zu sprechen. Der hl. Augustinus schrieb, indem er die Worte des hl. Paulus, auf die ich mich bezogen habe (*beharrlich im Gebet*) kommentierte, dass das ständige Gebet sich in der Haltung des Glaubens, der Hoffnung und der Liebe verwirklicht. Es erscheint als gewohnheitsmäßiges, ununterbrochenes Verlangen nach Gott.[45] Es ist eine innere Spannung, die dazu führt, alles auf Gott zu beziehen – ohne Worte, ohne explizite Begriffe.

[45] Vgl. AUGUSTINUS, *Epistola ad Probam,* 9, 18.

Um das zu erreichen, muss man aber einem sozusagen expliziteren, in Worte gekleideten Gebet und der Betrachtung des Evangeliums usw. bestimmte Zeiten widmen. Viele Heilige haben über das Gebet geschrieben, und dem Gebet ist auch der ganze vierte Teil des *Katechismus der Katholischen Kirche* gewidmet. Er wendet sich an alle, auch an „gewöhnliche Menschen".

Der hl. Josefmaria predigte und schrieb viel über das Gebet, nicht nur um ein Thema der spirituellen Theologie zu behandeln, sondern auch um seine persönliche Erfahrung im Umgang mit Gott mitzuteilen. Unter den vielen Texten fällt mir unmittelbar die Homilie mit dem Titel *Auf dem Weg zur Heiligkeit*[46] ein. Er zeigt darin einen Weg auf, wie man, beginnend mit einfachen mündlichen Gebeten, zu einem ständigen Gebet gelangen kann, bei dem *Worte unzureichend sind...: und man lässt der Vertrautheit mit Gott freien Lauf, ist bei Ihm, schaut auf Ihn, beständig und mühelos.*[47] Er merkte an, dass es unendlich viele verschiedene Wege des Gebetes gibt, empfahl aber, es solle in jedem Fall im Bewusstsein der Gotteskindschaft verrichtet werden. Auf diese Weise folgen wir auch dem Beispiel Jesu Christi (vgl. Mt 11,25-26; Lk 11,1-2; 22,42; Joh 11,41; 17,5; etc.).

Im selben Kontext, in welchem Sie vom Gebet sprachen, verwendeten Sie auch den Ausdruck „Menschen der Eucharistie". Was heißt das bzw. wie zeigt sich das konkret im Leben eines Christen?

Eine „eucharistische Seele" zu sein heißt vor allem, einen lebendigen Glauben daran zu besitzen, dass die Eucharistie das Opfer unserer Erlösung sakramental vergegenwärtigt und dass Jesus Christus wahrhaft, wirklich und wesenhaft in der heiligen Hostie zugegen ist. Es ist auch der feste Glaube daran, dass in der Heiligen

---

46 Veröffentlicht in Josefmaria Escrivá, *Freunde Gottes,* Nr. 294-316.
47 Ebd. Nr. 296.

Kommunion, um mit Leo dem Großen zu sprechen, „die Teilhabe am Leib und Blut Christi nichts anderes bewirkt als uns in das zu verwandeln, was wir empfangen"[48]. Ausgehend von einem solchen Glauben versteht man, dass die Eucharistie, wie der hl. Josefmaria lehrte, *Mitte und Wurzel im geistlichen Leben des Christen ist.*[49]

Wie lässt sich das im Leben konkret umsetzen? Es ist natürlich auf verschiedene Arten möglich, je nach den persönlichen Umständen. In jedem Fall wird ein Christ mit einem lebendigen Glauben darum bemüht sein, an der Hl. Messe teilzunehmen sooft er nur kann, nicht nur an den Sonntagen. Er wird Jesus in der Kommunion zu empfangen suchen, gut vorbereitet durch den häufigen Empfang des Bußsakraments; und er wird sich bemühen, sein Tagewerk mit dem Opfer Christi am Kreuz zu verbinden etc. Die Art und Weise kann unterschiedlich sein, aber wenn der Glaube an das eucharistische Geheimnis lebendig ist, ergeben sich die praktischen Konsequenzen mit einer Spontaneität und Intensität, die der Intensität des Glaubens entspricht.

Sind Sie optimistisch, wenn Sie an die Zukunft der Kirche in Europa denken?

Menschlich gesehen, gibt es kaum Anlass für Optimismus, denn die Krise sitzt tief und ist weitreichend. Trotzdem gibt es Grund zur Hoffnung und somit für einen übernatürlichen Optimismus, denn der Herr ist mit uns; und *ist Gott für uns*, wie Paulus schreibt, *wer ist dann gegen uns?* (Röm 8,31).

Dieser übernatürliche Optimismus kommt aus dem gelassenen Realismus des Glaubens, der sich der erlösenden und barmherzigen Macht Gottes gewiss ist und der weiß, dass die Erfolge unserer Bemühung nicht allein in unseren Händen liegen, sondern immer

[48] Leo der Grosse, *Predigt 12 über die Passion des Herrn* 3, 7.
[49] Josefmaria Escrivá, *Christus begegnen,* Nr. 87.

und endgültig in den Händen Gottes. In den unterschiedlichen evangelisierenden Aktivitäten der Kirche sind die Früchte manchmal sichtbar: Bekehrungen, Entscheidungen für ein intensiveres christliches Leben usw. Manchmal bleiben sie auch unsichtbar. Auf alle Fälle gibt es Grund, diese große Hoffnung wach zu halten. Der eigentliche Grund dafür ist die allmächtige Liebe Gottes und dass sein Wort immer wirksam ist, wie wir in der Hl. Schrift lesen. Manchmal ist die Frucht in den Seelen vorhanden, aber nicht zu sehen, oder sie zeigt sich erst mit der Zeit, oder die Frucht einer apostolischen Bemühung an einem bestimmten Ort kommt anderswo in der Ferne zum Vorschein (weil Gott sie bewirkt). In diesem Zusammenhang pflegte der hl. Josefmaria zu sagen: *Wenn du Heiligkeit säst, geht die Saat nicht verloren.*[50]

[50] Josefmaria ESCRIVÁ, *Im Feuer der Schmiede,* Nr. 651.

8

WERK GOTTES

Als Sie sich dem Opus Dei anschlossen, lebte dessen Gründer, der hl. Josefmaria Escrivá de Balaguer, noch. Hatten Sie Gelegenheit, ihn persönlich kennen zu lernen und mit ihm Umgang zu pflegen? Gibt es irgendeinen Charakterzug, der Ihnen besonders attraktiv erscheint?

Ich habe den hl. Josefmaria am 23. August 1963 während eines langen, in einer familiären Atmosphäre geführten Beisammenseins als Teilnehmer eines Sommerkurses im Studentenheim Belagua der Universität von Navarra kennen gelernt. Es folgten einige andere Zusammenkünfte ebenfalls mit ziemlich vielen Personen. Nach meinem Umzug nach Rom im Oktober 1967 bis zu seinem Heimgang in den Himmel am 26. Juni 1975 hatte ich viele Gelegenheiten, mit dem hl. Josefmaria auch in kleineren Gruppen beisammen zu sein, seine Predigten zu hören und mehrmals an von ihm gefeierten Hl. Messen teilzunehmen. Es fehlte auch nicht an Gelegenheiten, mit ihm persönlich zu sprechen.

Es fällt mir nicht leicht, nur einen Zug seiner Persönlichkeit hervorzuheben, denn sie war sehr facettenreich und auf vielfältige Weise attraktiv. Ein besonderer Zug war sicher seine ausgeprägte Fähigkeit, Gott und die anderen zu lieben. Darin besteht ja gerade das Wesen der Heiligkeit. Er liebte die Kirche und den Papst auf bemerkenswerte Weise, was allen auffiel, und er hat an allen Manifestationen der Krise, welche die Kirche in vielen Bereichen in jenen letzten Jahren seines Lebens durchmachte, gelitten, und zwar auch in Details, die nicht so wichtig erscheinen mögen. Ich erinnere mich zum Beispiel daran, dass jemand bei einem Beisammensein erwähnte, er habe in einer Straße Roms ein beleidigendes Gekritzel gegen Paul VI. gesehen. Ich bemerkte, wie sich im Gesicht des hl. Josefmaria eine schmerzliche Miene abzeichnete, und er lud uns sofort ein, gemeinsam ein Avemaria für den Hl. Vater zu beten. Seine Liebe zu den Menschen – die ohne Zweifel sowohl übernatürliche Zuneigung als auch edle menschliche Liebenswürdigkeit war – konnte man in vielen Einzelheiten wahrnehmen. Es war zum

Beispiel überraschend, wie er die Bedürfnisse der anderen bemerkte, wie er bei einem Gespräch mit mehreren Personen es so einrichtete, dass sich niemand unbemerkt übergangen fühlen konnte. Mir fällt ein, dass er mich einmal etwas fragte und dabei merkte, wie ich verlegen wurde. Sofort fügte er, ohne mir Zeit für eine Antwort zu lassen, einen einfachen Kommentar hinzu, der meine Antwort überflüssig machte. Zugleich besaß er einen energischen Charakter und verabsäumte es gerade aufgrund seiner Liebe zu den anderen nie zurechtzuweisen, wenn es notwendig war. Auch seine Freude und seine gute Laune waren besonders anziehend.

In jeder Institution besteht das Risiko, dass das Gründungscharisma verloren geht. Ebenso gibt es die gegensätzliche Gefahr, die darin besteht, dass es aus Furcht, die ursprüngliche Identität zu verlieren, zu einer Verknöcherung kommt. Können solche Dinge im Opus Dei passieren?

Ich erwarte, dass es mit Gottes Hilfe nie zu derartigen Extremen kommen wird. Einerseits, weil die Tätigkeit des Opus Dei als solche darin besteht, seinen Gläubigen und vielen anderen Personen christliche Bildung – in der katholischen Lehre und in spirituellen Angelegenheiten – entsprechend dem Lehramt der Kirche zu vermitteln, und zwar in einem Geist, der insofern nicht dem Zeitgeist unterliegt, als er ausschließlich auf aus dem Evangelium abgeleiteten Elementen beruht (Gotteskindschaft, Heiligung der Arbeit, zentrale Stellung der Eucharistie, Vorrangstellung der Liebe etc.). Der hl. Josefmaria sagte, es sei ein Geist *alt wie das Evangelium und wie das Evangelium neu.*[51]

Andererseits sind die apostolischen Aktivitäten, welche die Gläubigen des Opus Dei gewöhnlich zusammen mit anderen und

[51] Josefmaria Escrivá, *Gespräche mit Msgr. Escrivá de Balaguer*, Köln, Adamas, 1992⁴, Nr. 24.

manchmal sogar nichtkatholischen Personen unternehmen und für welche die Prälatur hinsichtlich ihrer christlichen Ausrichtung verantwortlich zeichnet, eine Antwort auf die jeweiligen Bedürfnisse der Gesellschaft. Aus diesem Grund variieren diese Aktivitäten, je nach den Erfordernissen der Zeit. Zum Beispiel sagte der hl. Josefmaria im Hinblick auf die Studentenheime, dass sie nicht länger betrieben werden würden, sollte es dazu kommen, dass sie nicht mehr zweckmäßig sind. In diesem Sinne hielt er auch fest, dass das Werk sich nicht auf besondere Formen des Apostolats spezialisiert, sondern innerhalb des großen Feldes ehrenvollen menschlichen Tuns alle Arten und Weisen des apostolischen Wirkens verwirklicht, die dazu geeignet sind, an der Ausbreitung des Reiches Gottes mitzuwirken.

Ganz allgemein, so erklärte der hl. Josefmaria, gibt es im Werk eine Entwicklung, wie es sie in jeder lebendigen Wirklichkeit gibt. Die Art und Weise zu handeln und zu reden mag sich ändern, der Kern aber – der Geist – bleibt unverändert.

Als Bischof Alvaro del Portillo dem Gründer in der Leitung des Werkes nachfolgte, lebten Sie bereits in Rom. Wie würden Sie den Zeitraum bewerten, in welchem er das Opus Dei leitete?

Ich würde ihn in den Worten *Kontinuität in Treue* zusammenfassen. Im Verlauf dieser 18 Jahre hat Don Alvaro nichts unternommen, um der pastoralen Leitung des Opus Dei seinen eigenen Stempel aufzudrücken. Er hatte nicht die Absicht, das zu tun, sondern er wusste in treuer Nachfolge des hl. Josefmaria zu stehen. Paul VI. riet ihm, bei jeder Angelegenheit zu überlegen, wie der Gründer sie angehen würde. Es freute Bischof del Portillo sehr zu hören, dass der Nachfolger des hl. Petrus ihm nahelegte, was er sich bereits vom ersten Moment an vorgenommen hatte. Diese Treue in Kontinuität oder Kontinuität in Treue bedeutete nicht Unbeweglichkeit, sondern ganz im Gegenteil: Entwicklung und Ausbreitung der apostolischen Arbeit in weitere Länder – ungefähr zwanzig an der Zahl – und Beginn und christliche Ausrichtung zahlreicher neuer Initiativen. Außerdem brachte seine Leitung viele gute Dinge hervor, darunter die Weiterführung früherer Bemühungen zur Vorbereitung der Errichtung des Opus Dei als Personalprälatur, und die Seligsprechung des hl. Josefmaria durch Johannes Paul II. Don Alvaro wollte dem Werk keinen eigenen Stempel aufdrücken, aber er hinterließ das Vorbild eines beispielhaften Hirten im Dienst der Kirche und eines äußerst treuen Sohnes des hl. Josefmaria. Am 28. Juni 2012 wurde das Dekret über den heroischen Tugendgrad von Bischof del Portillo veröffentlicht.[52]

Dasselbe – Kontinuität in Treue oder Treue in Kontinuität – kann man auch über die Zeit von Bischof Echevarría, der Bischof del Portillo nachfolgte, sagen. Ich hoffe, dass man dies mit Gottes Gnade auch von all jenen sagen können wird, die noch kommen werden.

Für einen Teil der öffentlichen Meinung ist das Opus Dei konservativ, im Unterschied zu Einrichtungen der Kirche, die als progressiv gelten, weil sie die Hierarchie kritisieren oder für Änderungen eintreten, die Rom heute nicht zulässt (zum Beispiel für die Abschaffung des verpflichtenden Zölibats für die Priester). Wie bewerten Sie solche Etiketten?

Es sind zweifelhafte oder besser gesagt falsche Etikettierungen. Ein Christ, der das Evangelium ernst nimmt, sucht sowohl den Glauben und die christliche Moral ohne Verfälschung zu *bewahren* als auch auf seinem eigenen Weg *voran zu schreiten*, was nichts anderes bedeutet, als sich mit Jesus Christus zu identifizieren und am spirituellen und materiellen Fortschritt der Menschen zum

52 Inzwischen wurde Alvaro del Portillo am 27. September 2014 seliggesprochen (Anmerkung d. Herausgebers).

Zweck der Ausbreitung des Reiches Gottes mitzuwirken und somit für jene Veränderungen und Neuheiten, die diesen Fortschritt erleichtern, offen zu bleiben. Im Gegensatz dazu: Sich abseits der für alle Katholiken bindenden Momente der Kirche zu stellen, vor allem abseits ihres authentischen Lehramtes, ist dem gegenüber ein Rückschritt. Das Opus Dei stellte eine derart gewaltige kirchliche Neuheit dar, dass es wegen der Verkündigung der Möglichkeit von Heiligkeit im gewöhnlichen Leben und in der Arbeit etc. sogar der Häresie bezichtigt wurde. Auch in praktischen Aspekten war der hl. Josefmaria ein Vorläufer des II. Vatikanums (z.B. in der aktiven Teilnahme der Gläubigen bei der Hl. Messe). Es verwundert nicht, dass diese Neuheit, die sich weiterhin in vielen Facetten zeigt, von jenen als konservativ bezeichnet wird, die meinen, „Fortschritt" bestünde in der Kritik an bestimmten Punkten der katholischen Lehre oder darin, nicht regelmäßig das Bußsakrament zu empfangen oder bestimmte traditionelle Frömmigkeitsübungen, wie zum Beispiel das Beten des Rosenkranzes, aufzugeben.

Gerade gewisse traditionelle Praktiken werden von manchen mit Verwunderung oder Missbilligung betrachtet. Sie meinen, solche Dinge seien überwunden, und die Tatsache ihrer Praktizierung im Opus Dei belege dessen Rückschrittlichkeit. Diese Kritiken richten sich vor allem gegen die körperliche Abtötung (Fasten, Bußgeißel und Bußgürtel) und gegen die geistliche Leitung. Was würden Sie jenen sagen, die so denken?

Ich würde sie fragen, warum sie dieser Meinung sind, und danach würde ich ihnen auf angemessene Weise anhand von Texten des Neuen Testaments darlegen, dass jeder Christ *notwendigerweise* eine Seele des Gebetes und der Buße sein muss, wobei es viele unterschiedliche Möglichkeiten gibt, dieses Ziel zu erreichen. Auch würde ich die *Nützlichkeit* geistlicher Leitung erläutern, die auch viele andere gewöhnliche Christen, die nicht dem Opus Dei angehören, als Hilfe annehmen, zumal auch anthropologisch unbestritten ist, dass „niemand in eigener Sache ein guter Ratgeber ist".

Bei einer Gelegenheit bemerkte Bischof Alvaro del Portillo bezüglich der körperlichen Abtötung, dass das Motiv des „Skandals" gar nicht die Strenge dieser Praktiken ist. In Wirklichkeit – so pflegte er zu sagen, indem er einen Gedanken des Gründers des Werkes aufgriff – unterwerfen sich viele Menschen zum Zweck der Erhaltung oder Verbesserung ihres Aussehens bzw. ihrer Gesundheit viel härteren Übungen als es die Verwendung eines Bußgürtels oder einer Bußgeißel darstellt: strenge Diäten, die man sehr wohl Fastenkuren nennen kann, körperliches Training bis zur Erschöpfung, schmerzhafte Schönheitsbehandlungen, ja sogar chirurgische Eingriffe. Was diejenigen, die Anstoß nehmen, nicht verstehen, ist nicht das Opfer als solches, sondern das dahinter stehende übernatürliche Motiv: die Vereinigung mit dem gekreuzigten Christus und die Gesundheit der Seele.

Die Praktiken körperlicher Abtötung – sie haben eine lange kirchliche Tradition und sind keine Besonderheit des Opus Dei – sind nicht das Wichtigste. Der hl. Josefmaria unterstrich, dass das ganz gewöhnliche, einfache Opfer im Alltagsleben viel bedeutender ist. Er sagte, diese „kleinen" beharrlich geübten Abtötungen seien heroischer als große Bußübungen. In einer seiner Predigten, die den Titel *Auf den Spuren Christi* trägt, zeigt er eine Menge von gewöhnlichen Opfern auf, die jeder praktizieren kann und die, wenn wir sie praktizieren, uns mehr Stärke und Gelassenheit schenken und gleichzeitig den Menschen um uns herum das Leben angenehmer machen.[53] Zum Beispiel: Pünktlichkeit, um die Arbeit der anderen nicht zu verzögern oder ihre Zeit zu vergeuden; Geduld und Freundlichkeit beim Zuhören, auch wenn uns nicht besonders interessiert, was erzählt wird, oder wenn es für uns nicht

[53] Vgl. Josefmaria Escrivá, *Freunde Gottes,* Nr. 138.

gerade der günstigste Augenblick ist; Widerwärtigkeiten des Alltags ohne zu klagen und ohne die gute Laune zu verlieren zu tragen, etc.

Reden wir von der Gedankenfreiheit. Das Opus Dei besteht aus sehr unterschiedlichen Menschen, schon allein deshalb, weil es in mehr als sechzig Ländern verbreitet ist. Wie wird der kulturelle und weltanschauliche Pluralismus im Inneren der Institution sichergestellt?

Ich möchte zwei grundlegende Aspekte hervorheben: Im Opus Dei wird nichts gelehrt oder gefördert, was nicht katholische Lehre oder Geist des Werkes wäre. In kulturellen, ideologischen, politischen und allgemein beruflichen Belangen genießen die Gläubigen des Opus Dei vollständige Freiheit, so wie sie ihnen als Mitglieder der katholischen Kirche zukommt. Nicht einmal in theologischer Hinsicht kann es eine „Schule des Opus Dei" geben. Dies verbieten die Statuten der Prälatur sogar ausdrücklich.

Trotzdem stellt sich die Frage: Birgt nicht die Bildung, die alle Mitglieder nach einem bestimmten Plan erhalten, eine gewisse Gefahr der Einengung oder der Uniformierung?

Ein Bildungsplan muss nicht einengend sein. Dies hängt davon ab, wie er ist und wie er umgesetzt wird. Andererseits wäre eine ausreichend umfassende Bildung ohne einen gewissen Plan schwierig, um nicht zu sagen unmöglich. Die verschiedenen Aspekte der Bildung bedürfen einer Vielzahl an Bildungsmitteln. Ein Bildungsplan für die theologische Bildung unterscheidet sich von einem für die spirituelle Bildung, verschieden sind auch die Lehrgänge oder Vorträge nach der Art der betreffenden Zuhörer. Und natürlich ist die Vorgehensweise bei der persönlichen Bildung durch die geistliche Leitung, die jedem Gläubigen angeboten wird, noch einmal unterschiedlich, denn da gibt es keinen Platz für einen allgemeinen Plan. Durch diese Bildungsarbeit entsteht kein Korsett, insofern es ein wesentliches Charakteristikum ist, die Freiheit des Geistes und die Eigeninitiative der Personen nicht nur zu respektieren sondern positiv zu fördern.

Ich habe den Eindruck, dass zumindest eine Zeit lang das Opus Dei in kirchlichen Kreisen nicht sehr angesehen war. Ich erinnere zum Beispiel daran, dass kurz vor der Umbildung zu einer Personalprälatur missgünstige Kommentare veröffentlicht wurden und dass einige Bischöfe dagegen waren, dass der Hl. Stuhl diesen Schritt vollzieht. Gibt es noch solche Kritiken?

In der Tat hat der Hl. Stuhl tausende Bischöfe konsultiert, bevor er das Opus Dei als Prälatur errichtete, und nur etwa fünfzehn von ihnen brachten Vorbehalte vor, welche der Hl. Stuhl selbst beantwortete. Die Prälatur ist bereits in vielen Diözesen in siebenundsechzig Ländern mit Bewilligung der entsprechenden Diözesanbischöfe nicht nur von sich aus tätig, sondern in vielen Fällen ging der apostolischen Arbeit ein ausdrückliches Ersuchen der Bischöfe voraus; und es gibt auch zahlreiche Orte, wo das Opus Dei noch nicht tätig ist und wo Bischöfe den Prälaten eindringlich darum bitten, mit der dauerhaften Arbeit des Werkes in ihren Diözesen zu beginnen. Daneben gibt es einige wenige Einzelfälle, in denen Unverständnis bemerkbar ist.

Auf einem anderen Blatt steht, ob das Opus Dei als theologische und kanonische Wirklichkeit auch tatsächlich verstanden wird, aber auch das wird mit der Zeit immer besser. Ich konnte aber feststellen, dass einige Personen zwar das Werk sehr schätzen, aber nicht recht verstehen können, wie die volle Säkularität der Gläubigen der Prälatur mit ihrer Hingabe an Gott, sei es als Unverheiratete oder als Verheiratete, vereinbar ist.

Könnten Sie uns erklären, was das Wesentliche eines säkularen christlichen Lebens ist? Warum betont das Werk diesen Aspekt so sehr?

Worin besteht der Unterschied des säkularen oder laikalen Christseins vom Ordensleben?

Das Konzept der Säkularität ist sehr breit. Nicht immer wird es im selben Sinne gebraucht. Ich meine, im engen Sinn besteht das Wesentliche säkularen Christseins in der vollen Umsetzung der christlichen Berufung, die sich vom universalen Ruf zur Heiligkeit herleitet und die nicht nur *in,* sondern *durch* die weltlichen Sorgen und Aufgaben (Familie, berufliche Arbeit, soziale Beziehungen) wahrgenommen wird und für die es keiner anderen Weihe bedarf als der durch die Sakramente der Taufe, Firmung und allenfalls Priesterweihe verliehenen. Konkret sind die Priester des Werkes Weltpriester und mit derselben Sendung betraut wie jene der restlichen kirchlichen Zirkumskriptionen (Diözesen, Prälaturen, Ordinariate etc.), und zwar mit der Wahrnehmung des pastoralen Dienstes an den Gläubigen der Prälatur (vor allem der Verkündigung und der Feier der Sakramente). Diesen Dienst bieten sie natürlich allen Personen an, die an den apostolischen Tätigkeiten des Werkes teilnehmen wollen. Außerdem suchen sie im Rahmen der Priestergesellschaft vom Heiligen Kreuz, die Brüderlichkeit und gegenseitige geistliche Unterstützung unter ihresgleichen, den Diözesanpriestern, zu fördern.

Wenn nicht verstanden wird, wie die Säkularität mit der Hingabe an Gott vereinbar ist, dann rührt das meist daher, dass über viele Jahrhunderte die Hingabe an Gott mit dem Priester- oder mehr noch mit dem Ordensstand gleichgesetzt wurde. Man konnte sich nicht vorstellen – und kann es manchmal immer noch nicht – dass die Hingabe im Laienstand oder sogar im Ehestand möglich sein kann. Sich Gott hinzugeben hieß nach einhelliger Meinung in jenen Zeiten, den Stand zu wechseln und sich von dem zu verabschieden, was man bis dahin war. Diese Mentalität entsprach nicht der katholischen Lehre, war aber derart verwurzelt, dass – wie schon erwähnt – einige die vom hl. Josefmaria verkündete

Lehre über die Möglichkeit der Heiligkeit und der Hingabe an Gott inmitten der Welt als eine Häresie ansahen. Diese weitverbreitete Haltung war dennoch nicht die ursprüngliche. In den ersten Jahrhunderten des Christentums, noch vor dem Auftreten der Eremitenbewegung, wurde die Hingabe an Gott inmitten der Welt ohne Wechsel des Standes als völlig natürlich akzeptiert. Es tauchten zum Beispiel sehr bald – wir sehen es in einigen Paulusbriefen – die Jungfräulichkeit und der Zölibat um des Himmelreiches willen auf, ohne dass damit ein Rückzug aus der Welt verbunden gewesen wäre. Ein Beispiel der Hingabe sehen wir auch bei Priszilla und ihrem Mann Aquila, die dem hl. Paulus bei der Verbreitung des Evangeliums so sehr geholfen haben.

Warum betont das Werk die Säkularität so stark? Es macht dies deshalb, weil die Betonung des universalen Rufes zur Heiligkeit in seiner subjektiven (alle Menschen einschließenden) und seiner objektiven (alles menschlich Edle als Weg zur Heiligung einschließenden) Dimension daran erinnert, dass ein in seiner Radikalität ernst genommenes Christentum nicht heißen darf, kein „gewöhnlicher Christ" mehr sein zu können. In diesem Sinne bleibt jeder Gläubige im Opus Dei in jenem Stand, dem er vor seiner Aufnahme in die Prälatur sowohl in der Kirche oder in der Zivilgesellschaft angehörte. Das ist nicht nur kirchenrechtlich, sondern auch in theologisch-pastoraler Hinsicht so.

Der Unterschied zwischen Ordensstand und dem säkularen Laienstand liegt vor allem darin, dass der Eintritt ins geweihte Leben (das etwas mehr als den Ordensstand umfasst) durch eine neue Weihe an Gott vollzogen wird – und zwar in Form von Gelübden, die zumeist die sogenannten „Evangelischen Räte" beinhalten –, womit im Interesse der persönlichen Heiligung eine je nach Ordenstyp mehr oder minder deutliche Absonderung von weltlichen Belangen (Familie, Beruf, Gesellschaft) verbunden ist. Es muss keine physische Trennung geben. Manchmal gibt es sie bei Orden oder Kongregationen mit Klausur. Viele Ordensleute leisteten und leisten in der Tat eine großartige apostolische Arbeit in schulischen, sozialen oder anderen Bereichen. Das Ordensleben in seinen verschiedenen Ausprägungen ist von großem Nutzen in der Kirche und für die Welt.

Soviel also zum geweihten Leben. Und worin unterscheidet sich das Opus Dei von den vielzitierten neuen kirchlichen Bewegungen (Movimenti)?

Die *Movimenti* sind ein neuer Ausdruck kirchlicher Lebendigkeit. Sie sind kirchliche Erscheinungen unterschiedlichster Art, die sich in Zielsetzung, Spiritualität und Organisationsstruktur unterscheiden. Zumindest einige der bekanntesten und verbreitetsten verfügen über einen Kern von gottgeweihten Personen (schon darin unterscheiden sie sich vom Opus Dei). Es gibt auch welche, die noch gewissermaßen im Entstehen und auf der Suche nach einer ihrem Charisma angepassten kanonischen Form sind. Angesichts dieser Pluralität zeigen sich die Unterschiede zum Opus Dei in verschiedener Hinsicht. Ein genereller Unterschied ist, dass es sich für gewöhnlich bei diesen Bewegungen nicht um kirchliche Zirkumskriptionen handelt, wie es eine Prälatur und konkret auch das Opus Dei darstellt. Solche Zirkumskriptionen bestehen nämlich immer aus einem Prälaten, einer Priesterschaft und gläubigen Laien.

Unabhängig von Ihrer Frage möchte ich festhalten, dass das, was uns mit allen Katholiken verbindet (der Glaube, die Eucharistie, die Einheit mit dem Papst etc.) viel mehr ist als das, was uns voneinander unterscheidet.

Im Unterschied zu einigen kirchlichen Bewegungen, auf die Sie anspielten, ist das Opus Dei nicht mehr auf der Suche nach seiner kirchenrechtlichen Form. War die Umwandlung in eine Personalprälatur sehr wichtig für das Opus Dei?

Es war das vom hl. Josefmaria anvisierte und vorbereitete Endziel eines langen Rechtsweges. Er ging davon aus, dass das Werk schlussendlich die seiner theologischen und pastoralen Natur entsprechende kirchenrechtliche Form erhalten würde. Ungeachtet vorangegangener rechtlicher Formen, die nach früherem Kirchenrecht die einzig möglichen und die am wenigsten unpassenden waren, war das Opus Dei nie eine Vereinigung von Laien mit einigen Priestern als Seelsorgern, und noch weniger war es eine Vereinigung von Klerikern mit sozusagen einigen Laien als Helfern. Von Anfang an handelte es sich um eine organische Verbindung zwischen Priestern und Laien auf der Grundlage des Zusammenwirkens von allgemeinem Priestertum und Weihepriestertum. Die Verbindung zwischen Priestern und Laien reflektiert die grundlegende Struktur kirchlicher Zirkumskriptionen und der Kirche selbst. Die Gestalt der Personalprälatur entspricht dieser theologischen und pastoralen Natur.

Seither sind dreißig Jahre vergangen, und in dieser Zeit wurden verschiedene Strukturen wie etwa die Personalordinariate geschaffen, die jenen, die keine Kirchenrechtsexperten sind, als ziemlich ähnlich den Personalprälaturen erscheinen. Eine weitere Personalprälatur wurde aber noch nicht errichtet. Fühlt sich das Opus Dei in einem allgemein-rechtlichen Rahmen, in welchem es allein dasteht, wohl?

Für das Opus Dei und sein Wirken ist es nicht von Bedeutung, bis dato die einzige Personalprälatur zu sein. Dennoch scheint mir, dass diese kirchenrechtliche Form als Frucht des II. Vatikanums es verdiente, mehr genutzt zu werden. Aufgrund ihrer Flexibilität könnte sie – worauf Johannes Paul II. hinwies[54] – eine gute Lösung

---

[54] Vgl. Johannes Paul II., *Ecclesia in America* (1999), Nr. 65, Anmerkung 237; *Ecclesia in Europa* (2003), Anmerkung 166.

für die Pastoral verschiedener neuer, mit der Mobilität der Bevölkerung zusammenhängender Phänomene sein, wo die herkömmliche Pastoral territorial begrenzter Diözesen auf ernsthafte und nicht selten unüberwindliche Schwierigkeiten stößt.

Das Opus Dei fördert Initiativen wie Universitäten oder soziale Einrichtungen. Auf welche Bereiche fokussiert das Werk vorrangig seine Bemühungen?

Alle diese Initiativen zielen darauf ab, den Menschen und der Gesellschaft einen direkten Dienst zu erweisen, aber für das Opus Dei sind sie nicht wesentlich. Die Prälatur will neben der pastoralen Betreuung durch die Priester vorrangig christliche Bildung vermitteln, und zwar der Reihe nach seinen Mitgliedern, seinen Mitarbeitern (Personen, die nicht dem Werk angehören, aber mit ihm zusammenarbeiten) und vielen anderen Menschen, die diese Bildung erlangen möchten. Ihre Haupttätigkeit ist es, die katholische Lehre und den Geist des Opus Dei darzulegen. Das Ziel des Werkes besteht in einer Hilfestellung für die Heiligung des Alltags und für das Apostolat des Einzelnen, und zwar in jener Umgebung, in der er steht. Nach dieser Hilfestellung orientiert sich jeder selbstständig und wendet die Prinzipien in seinem persönlichen Leben an.

Wie Sie erwähnt haben, nimmt das Werk seine Bildungsaufgabe auch durch Initiativen wahr, die es offiziell unterstützt, indem es sich um deren christliche Orientierung kümmert. Sie heißen „körperschaftliche Werke“ oder „Werke des körperschaftlichen Apostolats“ des Opus Dei. Es handelt sich um zivile Initiativen und nicht um kirchliche und sie werden von Gläubigen des Opus Dei zusammen mit anderen Personen durchgeführt, um zur Lösung konkreter Bedürfnisse der Gesellschaft beizutragen und gleichzeitig apostolisch zu wirken. Das Opus Dei übernimmt dabei die Verantwortung für die christliche Ausrichtung dieser Initiativen, nicht aber für technische, wirtschaftliche oder andere Belange. Viele dieser Einrichtungen sind Bildungseinrichtungen auf verschiedenen Ebenen – vom Kindergarten bis zur Universität. Zahlreich sind auch soziale Einrichtungen für an den Rand gedrängte Menschen in ärmeren Ländern oder auch in nicht so entwickelten Gegenden reicher Länder. Es gibt Bildungszentren für Priester, Häuser für Besinnungstage, Haushaltsschulen, Studentenwohnheime usw.

In jedem Fall will man mit den körperschaftlichen Werken christliche Lehre und christlichen Geist verbreiten und gleichzeitig auf bestimmte Bedürfnisse der Umgebung reagieren. Zum Beispiel kann in einer großen Stadt ein Sozialzentrum für Menschen aus Randbezirken geschaffen werden. „Midtown" ist ein solches Zentrum in Chicago, in einer Gegend, wo es häufig Schulabbrecher gibt. Dort wird den Kindern eine spezielle Betreuung zuteil, damit sie nicht in den Dunstkreis von Straßenbanden geraten. Midtown bietet ihnen zusätzlichen Unterricht und sportliche Aktivitäten und versucht in ihnen auch menschliche Tugenden unter Einbeziehung der Eltern zu fördern.

Im Kongo gibt es ein körperschaftliches Werk namens Monkolé, ein Krankenhaus in Kinshasa, einer Stadt mit unzureichenden Hygienestandards. In verschiedenen Ländern gibt es körperschaftliche Werke für die Fortbildung von Bauern, so etwa in Peru, wo in der Provinz Cañete seit fast fünfzig Jahren ein Zentrum für Frauen mit dem Namen „Condoray" betrieben wird. Andere Einrichtungen bieten berufliche Bildung an, zum Beispiel das „Institute for Industrial Technology" in Nigeria oder das „Centro ELIS" in Rom.[55]

---

55 Im Internet kann man sich über viele solcher körperschaftlichen Werke erkundigen: www.opusdei.org.

Ich möchte, dass Sie auch noch auf andere Initiativen von Mitgliedern und Mitarbeitern des Opus Dei zu sprechen kommen, die von ähnlicher Art sind und ähnliche Ziele verfolgen, die aber nicht offiziell vom Opus Dei betreut werden, wo aber sehr wohl Priester des Werkes als gern gesehene geistliche Begleiter arbeiten. Ein bekanntes Beispiel in Spanien – neben anderen in vielen Ländern von Mexiko bis Australien – ist die Schulkette „Fomento de Centros de Enseñanza". Auch wenn es sich dabei nicht um körperschaftliche Werke handelt, so haben diese Initiativen doch viel mit dem Opus Dei zu tun: Sie werden von Mitgliedern des Opus Dei geleitet und die Prälatur stellt Personal zur Verfügung. Was ist da genau der Unterschied zu den körperschaftlichen Werken? Hat das Opus Dei vielleicht Interesse, in manchen Fällen nicht offiziell in Erscheinung zu treten?

Lassen Sie mich klarstellen, dass das Opus Dei diesen Initiativen kein „Personal zur Verfügung stellt". Die Leiter des Werkes können natürlich einigen Personen raten oder empfehlen, an diesen Initiativen mitzuwirken, wenn sie dies selbst wollen. Der Unterschied zu den körperschaftlichen Werken besteht in der Tat darin, dass die Prälatur für die christliche Orientierung solcher Initiativen nicht verantwortlich zeichnet, obwohl sie, weil ihr der Dienst an der Gesellschaft ein Anliegen ist, effektiv einigen Gläubigen rät, daran mitzuwirken, wenn sie möchten. Es geht nicht darum, nicht in Erscheinung zu treten, sondern darum, die Realität der Dinge zu akzeptieren.

Die Schulen, die Sie erwähnt haben, sind in den 1960er Jahren in Spanien auf Anregung des hl. Josefmaria entstanden. Es war ihm ein Anliegen, dass die Familien ihren Kindern eine gute Ausbildung angedeihen lassen können, nicht nur in akademischer Hinsicht, sondern auch in einem christlichen Sinne. Er bemerkte, dass es bald nicht mehr genügend Ordensschulen dafür geben würde. Er erwog diese Angelegenheit lange und betrachtete sie auch in seinem Gebet. So kam er zu dem Schluss, dass die Eltern selbst die Gründung jener Schulen, die sie brauchten, in die Hand nehmen sollten. Er besprach seine Idee mit Leuten des Werkes in Spanien. Eine Gruppe von Eltern griff sie auf, und so wurde *Fomento de Centros de Enseñanza* gegründet und die erste Schule in Madrid eröffnet. Bald folgten weitere in Madrid und auch in anderen Städten. Die Initiatoren erbaten vom Werk die Mitarbeit von Priestern. In diesen Schulen ist der Charakter des Opus Dei ganz klar zu erkennen, was im Leitbild der Schulen und in der Arbeit der Direktoren, Professoren und Angestellten, von denen freilich nur einige dem Opus Dei angehören oder Mitarbeiter des Opus Dei sind, zum Ausdruck kommt. Die ursprüngliche Idee stammt vom hl. Josefmaria. Andere aber entwickelten sie und setzten sie um. Die Initiative kam demnach von diesen Menschen, nicht vom Opus Dei.

Natürlich existieren auch verschiedene andere Aktivitäten, die aus der Initiative von Gläubigen des Opus Dei zusammen mit anderen Personen hervorgegangen sind, die aber keine Unterstützung durch Priester des Werkes benötigen, sei es weil die Art der Initiative es nicht verlangt, oder einfach weil man nicht für alles einen Priester braucht.

9

DER RUF

Alle Christen sind zur Heiligkeit berufen. Daneben sprechen wir aber von verschiedenen weiteren Konkretisierungen der Berufung. So sieht die Kirche im Ruf zum Priestertum eine besondere Gnade. Sie sind in Ihrem Beitrag im Buch „Das Opus Dei in der Kirche" auf das Phänomen der allgemeinen und der besonderen Berufung – vor allem auf die Berufung zum Opus Dei – eingegangen. Was bedeutet die Berufung für den Menschen?

Um dies zu verstehen, muss man sich zunächst einmal vor Augen führen, dass niemand durch Zufall zur Welt kommt, sondern dass dahinter der Wille Gottes steht. Für den Schöpfer ist alles Gegenstand der Erwählung, auch was den Beginn und den gesamten Lebenslauf eines jeden von uns betrifft. Der göttlichen Vorsehung entgeht kein Detail: sie erfasst die kleinsten Kleinigkeiten. Somit ist also jede Person erwählt, von Gott ins Leben gerufen mit einem bestimmten Ziel, das ihrem Leben Sinn verleiht. Dieses Ziel besteht in der Erlangung des Heils bzw. der Heiligkeit (in der Realität sind beide Dinge dasselbe), die in der Vereinigung mit Gott in Jesus Christus besteht, und zwar zunächst im gegenwärtigen Leben und schließlich für immer im Himmel. Das ist unsere Bestimmung, und darin liegt auch unsere Selbstverwirklichung als Personen und unsere vollkommene Glückseligkeit.

Der universale Heilswille Gottes ist ein Wesensbestandteil der göttlichen Offenbarung: Gott *will, dass alle Menschen gerettet werden und zur Erkenntnis der Wahrheit gelangen*, sagt der hl. Paulus (1 Tim 2,4). In der Sprache des Neuen Testaments heißt „die Wahrheit erkennen", mithilfe Vernunft und Liebe die persönliche Vereinigung mit Jesus Christus zu erreichen und in Ihm zum Vater und zum Heiligen Geist zu gelangen. Das ist die Bestimmung, die Gott seit Ewigkeit her für alle und jeden einzelnen Menschen vorausgesehen hat. Dafür hat Er uns erschaffen.

Als nächstes muss man bedenken, dass sich die Berufung nicht lediglich auf das Lebensziel des Menschen beschränkt, sondern dass ihm auch der Weg zu diesem Ziel hin gezeigt wird. Jeder Mensch ist von Gott gerufen, ein bestimmtes Leben innerhalb einer persönlichen und einmaligen Berufung zu führen und damit dem allgemeinen Ruf zur Heiligkeit eine persönliche Note zu verleihen. Dieser Ruf ergeht sowohl als äußere Einladung als auch als innere Gnadengabe: als ein Licht, das nach Gottes Willen dem Leben jedes Menschen den konkreten Sinn gibt und den Weg weist. Er gibt auch jenen Antrieb, der es möglich macht, diesen Weg zu beschreiten und bis zum Ende zu gehen. So muss jeder Mensch an der Entdeckung seiner Berufung größtes Interesse haben.

Dann sind wir also schon von vornherein von Gott „programmiert"?

Es gibt einen Plan Gottes für jeden Einzelnen. Wir sind aber nicht „programmiert". Das hieße, Gott unserem Niveau anzupassen. Wir können nur Vorgänge ohne Willensfreiheit programmieren, und nicht einmal das gelingt uns immer. Gott hingegen ist imstande, unserer Freiheit einen Impuls zu geben, ohne sie dabei zu verletzen. Gott lenkt die menschliche Geschichte bis in die kleinsten Details, aber die Geschichte hängt auch von der menschlichen Freiheit ab. Dies bedeutet nun keine Einschränkung der göttlichen Macht, denn er selbst ist ja der Schöpfer unserer Freiheit. Vielmehr zeigt sich darin seine unendliche Weisheit und Allmacht, indem er nämlich seine Pläne nicht trotz, sondern mithilfe der menschlichen Freiheit und mit ihr rechnend in Erfüllung gehen lässt. Die Zukunft ist in diesem Sinne wirklich „offen" für unser freies Handeln.

Auch im Zusammenhang mit unserer persönlichen Berufung rechnet Gott in dem Plan, den er mit jedem von uns hat, mit unserer Freiheit. Jeder muss diesen Plan entdecken, indem er sich selbst darum bemüht. Gott drängt sich nicht auf: Er legt uns Fährten, regt einen bestimmten Weg an, macht eine Einladung. Und wenn Gott seinen Ruf auf eine Weise konkretisiert, die eine besondere Hingabe in seinem Dienst und für den Dienst an der Kirche nahelegt, so zeigt sich diese besondere Berufung – außer in seltenen Ausnahmefällen – nicht in vollständig klarer Weise, sondern meist durch normale Zeichen, wie bestimmte Umstände, Anregungen anderer Personen oder andere Begebenheiten, die eine gewisse Unruhe, ein Hingezogensein zu einem bestimmten geistlichen und apostolischen Weg auslösen oder verstärken. Es ist aus Liebe zu unserer Freiheit, dass Gott sich nicht in vollständiger Offensichtlichkeit kundtut. Die menschliche Antwort auf die Berufung beschränkt sich nicht auf ein simples „Ja" zu einem von Gott eindeutig vorgezeichneten Weg. Ich meine, dass die freie Antwort auf einen Ruf in gewisser Weise wesentlicher Bestandteil jeder Berufung ist. Hier kommt die geheimnisvolle Beziehung zwischen menschlicher Zeitlichkeit und göttlicher Ewigkeit ins Spiel.

Gerufen zu sein heißt jedenfalls nicht, man müsse in jedem Moment etwas Bestimmtes tun. Es heißt vielmehr, dass man alles aus Liebe zu Gott und zu den anderen Menschen tut, und zwar unter Einsatz des eigenen Ideenreichtums und mit dem echten Wunsch, auf die Berufung zur Heiligkeit zu antworten. Dies ist die Art eines Christen, der sich im Einklang mit seinem Glauben verhalten möchte, selbst wenn dabei – wie bei allen Menschen – Fehler passieren. Man kann nicht bloß „stundenweise" Jünger Jesu Christi sein. Die christliche Berufung durchdringt alle Dimensionen der eigenen Existenz und fügt auf diese Weise die Mannigfaltigkeit der Handlungen, für die sich jemand in Ausübung seiner Freiheit entscheidet, zu einer Einheit zusammen. Diese Kohärenz ist die *Einheit des Lebens*, die der hl. Josefmaria so nachdrücklich verkündete.

Aber wie kann es sein, dass zwar alle gerufen sind, aber die große Mehrheit der Menschen nichts davon weiß?

Das Vorhandensein vieler Menschen, denen der Ruf zur Heiligkeit nicht bekannt ist, ändert nichts an der Wahrheit dieses universalen Rufes, sondern zeigt, auf welche Weise uns der Ruf erreicht. Gott vergegenwärtigt sich unserem Bewusstsein auf nur ihm bekannte Weise und er hat es auch so eingerichtet, dass sein Wort durch die Vermittlung der Kirche, durch die Jünger des Herrn zu uns gelangt. Deshalb ist die christliche Berufung sowohl individuell als auch gemeinschaftlich: Gott ruft jeden Einzelnen, aber er tut dies durch die Kirche. Genau deshalb ist der christliche Ruf zur Heiligkeit zugleich auch ein Ruf zum Apostolat. Das scheinbare Paradoxon, das in Ihrer Frage steckt, veranlasste den hl. Paulus, sich selbst und die Christen zur Evangelisierung anzuspornen: *Denn jeder, der den Namen des Herrn anruft, wird gerettet werden. Wie sollen sie nun den anrufen, an den sie nicht glauben? Wie sollen sie an den glauben, von dem sie nichts gehört haben? Wie sollen sie hören, wenn niemand verkündigt? Wie soll aber jemand verkündigen, wenn er nicht gesandt ist?* (Röm 10, 13-15).

Sie sprechen von der christlichen Berufung, vom universalen Ruf zur Heiligkeit. Daneben gibt es aber auch spezielle Berufungen, zum Beispiel jene zum Priestertum, die nicht für alle sind. Wie fügt sich dies in das von Ihnen beschriebene Panorama ein?

Die christliche Berufung ist einzigartig und zugleich dieselbe für alle: Das Ziel, das sie anvisiert – Erlösung, Heil, ewige Glückseligkeit – ist für alle dasselbe, und die verschiedenen Wege, die zu diesem Ziel führen, haben einen gemeinsamen Wesenskern. Gleichzeitig ergeht der Ruf persönlich, und der Weg jedes Menschen ist einzigartig und unwiederholbar. Dieser Weg ist nicht eine weitere Berufung neben der schon bestehenden, sondern stellt eine bestimmte Konkretisierung der allgemeinen christlichen Berufung dar. Diese Konkretisierungen können dabei sehr unterschiedlich sein und sind es in der Tat auch. Die persönliche Berufung hat verschiedene Dimensionen – Taufe, Weihe etc. – die zu einem einzigen Existenzentwurf verschmelzen, zu einer einzigartigen

Berufung, die eine spezifische Ausformung der allgemeinen christlichen Berufung ist.

In früheren Zeiten gab es mehr Priester und geweihte Personen, wenngleich heutzutage andere Formen der Berufung entstanden sind. Glauben Sie, dass Gott weiterhin so wie in früheren Epochen ruft?

Dass Gott weiterhin zu verschiedenen Formen der vollkommenen Hingabe ruft, kann nicht in Zweifel gezogen werden. Ein Musterbeispiel dafür sind die vielen Jugendlichen, die ihre Berufung zum Beispiel im Rahmen der Weltjugendtage entdecken. Ob dies auf gleiche oder auf andere Weise wie zu früheren Zeiten geschieht, lässt sich nicht ermessen, denn die in verschiedenen Formen sich ausprägende Hingabe an Gott hängt sowohl vom freien göttlichen Willen als auch von der menschlichen Freiheit ab. In der Kirche muss es jedenfalls immer eine Berufungspastoral geben, die damit beginnt, dass die verschiedenen Berufungswege bekannt gemacht werden, damit die Menschen sich die verschiedenen Wege auch für sich selbst vorstellen können. Gott pflegt seinen Ruf auf „normalen" Wegen ergehen zu lassen. Dieser Ruf ist ein unverdientes Gottesgeschenk, und ebenso erfordert die freie Antwort des Menschen die Hilfe der Gnade. Somit können Berufungen nicht „programmiert", sondern müssen vielmehr erbeten werden, entsprechend dem Auftrag Jesu: *Die Ernte ist groß, aber es gibt nur wenig Arbeiter. Bittet also den Herrn der Ernte, Arbeiter für seine Ernte auszusenden* (Mt 9,37-38).

Wie kann man den Ruf Gottes, die Berufung, in einer säkularisierten Welt verständlich machen?

Dieser Ruf lässt sich nur jenen erklären, die trotz des säkularisierten Milieus den Glauben an Gott lebendig bewahrt haben. Wenn dieser Glaube nicht vorhanden ist, könnte man nur die menschlich positiven, ja oft grandiosen Auswirkungen vor Augen führen, die durch die Hingabe an Gott und den großzügigen Dienst am Nächsten möglich sind. Die Berufung verstehen heißt, aufgrund des Glaubens verstehen, dass Gott jeden einzelnen Menschen liebt und für jeden einen Plan, einen Weg zum Heil bzw. zur Heiligkeit bereit hält, für dessen Ausgestaltung im individuellen Dasein auch die Freiheit der menschlichen Person ins Spiel kommt.

Die Hingabe an Gott verlangt es, ein nüchternes Leben zu führen. Man muss sich einer Autorität und bestimmten Normen unterwerfen, die Keuschheit leben etc. All dies erschreckt Mann und Frau von heute ein wenig. Was würden Sie ihnen sagen?

Die Hingabe an Gott verlangt ohne Zweifel Opfer, aber es ist eine Naivität – und nicht wenige Menschen erliegen einer solchen – zu meinen, dass das Leben ohne die Hingabe an Gott frei von ähnlich großen oder gar noch größeren Opfern wäre. Der Zölibat zum Beispiel verlangt offensichtlich Verzicht, aber auch das Eheleben ist nicht leicht. In der Regel ist es, insgesamt gesehen, sogar noch um einiges schwieriger. Vor allem aber versteht und lebt man aus Sicht des Glaubens die Hingabe an Gott nicht als Verzicht, sondern als großes Geschenk. In diesem Zusammenhang kommt mir immer die Szene aus dem Evangelium in den Sinn, in der Jesus der samaritischen Frau sagt: *Wenn du wüsstest, worin die Gabe Gottes besteht und wer es ist, der zu dir sagt: Gib mir zu trinken!* (Joh 4,10). Was Gott von uns erbittet, ist immer ein Geschenk für uns, sogar dann, wenn es menschlich gesprochen Leid mit sich bringt. Der hl. Josefmaria schrieb diesbezüglich: *Gott lässt sich an Großzügigkeit nicht übertreffen.*[56]

Wenn sowohl die Zustimmung zum Glauben als auch die Eingliederung in die Kirche freiwillig sind, dann muss logischerweise die

[56] Josefmaria Escrivá, *Im Feuer der Schmiede,* Nr. 623; *Christus begegnen,* Nr. 40.

völlige Freiheit jener respektiert werden, die sich dafür entscheiden, den Glauben, die Kirche oder eine beliebige kirchliche Einrichtung zu verlassen. Wie ist diese Freiheit mit der Treue und den Verpflichtungen vereinbar, die der Einzelne auf sich nimmt?

Die Freiwilligkeit des Glaubensaktes und der Eingliederung in die Kirche bedeutet, dass sie mit Gottes Gnade dem freien Entschluss einer Person entspringen und nicht einer Auferlegung, der man sich nicht entziehen kann. Gleichzeitig verlangen der Glaube und die Treue zur Kirche ihrem Wesen nach, diese freie Entscheidung jederzeit aufrecht zu erhalten. Das heißt, der Glaube ist, wie wir im Neuen Testament lesen, auch ein Gehorsam – *Glaubensgehorsam* (Röm 1,5) in den Worten der Hl. Schrift. Die Möglichkeit aber, dass der Mensch von seiner Freiheit schlechten Gebrauch macht und Gott den Gehorsam verweigert, bleibt immer bestehen. Dies heißt nun nicht, dass jemand frei ist, den Glauben oder die Kirche zu verlassen so wie jemand einen Fußballklub verlässt, um sich einem anderen oder gar keinem anzuschließen. Man darf die Freiheit (als die Möglichkeit diese oder eine andere Sache zu wählen) nicht mit der *moralischen* Freiheit (dass diese Wahl in Bezug auf das Objekt moralisch indifferent wäre) verwechseln. Als ein anderes Beispiel in diesem Sinne, das zwar nicht gleicher, wohl aber analoger Art ist, ließe sich die Ehe anführen: Ein Mann und eine Frau heiraten freiwillig, und ohne diese Freiwilligkeit wäre die Ehe sogar nichtig. Nach der Hochzeit jedoch sind sie moralisch gesehen nicht mehr frei, den Ehemann oder die Ehefrau zu verlassen (vorausgesetzt, die Ehe wird als unauflöslich angesehen, was sie ja auch tatsächlich ist).

Anders verhält es sich mit der Religionsfreiheit, die als eine bürgerliche Freiheit das Recht beinhaltet, innerhalb gewisser Grenzen an der Ausübung einer Religion weder vom Staat noch von sonst jemandem behindert zu werden. Sie ist allerdings keine *moralische* Freiheit. Ich habe schon vorhin erwähnt, dass die Religionsfreiheit insofern ein *negatives* Recht ist, als es nicht um eine moralische Gleichgültigkeit im Zusammenhang mit der Wahl oder Ausübung der Religion geht (eine solche existiert in diesem Zusammenhang nicht), sondern um die Beschränkungen der staatlichen Gewalt über seine Bürger.

Wie kommt man zum Opus Dei? Geschieht dies durch eine Neigung zu einem anziehenden christlichen Leben inmitten gewöhnlicher Tätigkeiten oder kann man von einer echten und besonderen Berufung innerhalb der Kirche sprechen? Anders gefragt: Komme ich zum Opus Dei einfach, weil es mir gefällt, oder braucht es dazu mehr?

Die Aufnahme in das Opus Dei ist Frucht der freien Antwort auf einen göttlichen Ruf. Es handelt sich nicht um eine rein persönliche Entscheidung, sich eine gute Sache zu eigen zu machen und einfach mitzumachen, sondern um eine reiflich überlegte Entscheidung, die aufgrund eines Rufes seitens Gottes getroffen werden muss. Obwohl es sich um einen besonderen Ruf handelt, bedeutet er für jene Person, die ihn erhält, nicht, den Status als gewöhnlicher Christ inmitten der Welt oder, wenn ein Priester den Ruf zum Opus Dei erhält, den Status eines Weltpriesters aufzugeben. Der hl. Josefmaria bezeugte die Existenz einer spezifischen Berufung zum Opus Dei, aus der sich ganz konkrete Konsequenzen ergeben. Er bezog sich dabei nicht bloß auf den Berufungscharakter einer konkreten Hingabe für eine gute Sache, in dem Sinne, in dem auch das ganze christliche Leben Berufung ist, sondern auf einen Ruf der besonderen Art, der einer der eigenen freien Entscheidung vorausgehenden radikalen göttlichen Initiative entsprungen ist. Im Falle des Opus Dei und aufgrund seines Gründungscharismas hat der hl. Josefmaria diese wichtige Eigenschaft der persönlichen Entscheidung zugunsten eines besonderen Berufungsweges klar erkannt. Dieser kommt im Einklang mit dem Willen Gottes und durch freie

Zustimmung des Betreffenden zustande. Diese Sichtweise wurde auch durch das Urteil der Kirche bestätigt.

Wie wir vorhin sahen, besteht die Mission der Gläubigen des Opus Dei darin, im gewöhnlichen Leben die Heiligkeit zu suchen und apostolisch zu wirken. Aber nach Aussagen des II. Vatikanums sind dazu alle Christen gerufen. Gibt es einen Unterschied zwischen der Berufung zum Opus Dei und der allgemeinen christlichen Berufung?

Genau diese Frage wurde dem hl. Josefmaria sehr häufig gestellt. Manchmal antwortete er lediglich mit einer Metapher: Zwei gleiche Leuchttürme, einer leuchtet, der andere nicht. Jener des Opus Dei leuchtet und spendet Licht und Wärme.[57] Das ist in dem Sinne zu verstehen, dass alle Christen zwar „Leuchttürme" sind und die Möglichkeit haben zu leuchten. Aber nicht alle nutzen diese Möglichkeit und leuchten entweder gar nicht oder nur schwach. Es bedarf einer Handlung (des Wirkens der Gnade), um die Lampe im Leuchtturm zu entzünden oder stärker zum Leuchten zu bringen. Selbstverständlich können alle Christen, ohne dem Opus Dei anzugehören, entzündete Leuchttürme sein. Wir alle sollen ja durch freie Zustimmung der Gnade entsprechen, um so unsere Leuchtkraft zu erhöhen oder aber, wenn unsere Lampe bereits erloschen ist, sie wieder zum Leuchten zu bringen.

Die spezifische kirchliche Mission des Opus Dei besteht gerade darin, kraft eines bestimmten Geistes und eines spezifischen apostolischen Einsatzes dabei mitzuwirken, dass „sich alle Leuchttürme schließlich entzünden", jeder auf seine Weise, mit eigenem Licht und im Bewusstsein, dass das wahre und einzige Licht aller Völker letztendlich Christus ist. Dies bedarf einer speziellen Ausbildung der Gläubigen des Opus Dei. Mit der Metapher von den

---

[57] Vgl. Ernst Burkhart – Javier López, *Alltag und Heiligkeit in der Lehre des heiligen Josefmaria,* Köln, Adamas, Bd. I, 2015, 236.

Leuchttürmen wollte der hl. Josefmaria betonen, dass die Berufung zum Opus Dei bei dem, der sie erhält und annimmt, keinerlei Unterscheidung und nicht die geringste Abtrennung von den anderen gewöhnlichen Christen mit sich bringt. Sie führt vielmehr dazu, das *gewöhnliche Christsein* in vollkommener Art zu verwirklichen. Es bedeutet, zur Heiligkeit gerufen zu sein und als Träger eines göttlichen Lichtes dem gesamten Dasein durch unaufhörliche Verbreitung dieses Lichtes einen apostolischen Sinn zu geben.

In den letzten Jahrzehnten hat es in einigen Regionen der Welt eine beträchtliche Abnahme der Berufungen zum Priestertum, zum geweihten Leben und zu anderen Institutionen der Kirche gegeben. Zuvor haben Sie von der Notwendigkeit einer Berufungspastoral in der Kirche gesprochen. Wie wird eine solche im Opus Dei praktiziert?

Wenn Bischof Echevarría von der Notwendigkeit spricht, dass viele Personen um die Aufnahme ins Opus Dei bitten, dann pflegt er stets daran zu erinnern, dass wir dabei nicht vom Wunsch „viele zu sein" geleitet sind, was als solcher natürlich auch ein legitimer Wunsch wäre. Vielmehr beseelt uns der Wunsch, Gott, der Kirche und den Seelen zu dienen. Die Notwendigkeit, dazu beizutragen, dass andere Menschen von Gott den Ruf erhalten, sich ins Opus Dei einzugliedern, wird im Licht der folgenden Lehre des hl. Josefmaria zusammengefasst: „Wollen wir mehr sein? Dann müssen wir besser sein!" Wir müssen im Bewusstsein der eigenen Grenzen und Mängel die Absicht haben, besser zu werden, um den Herrn durch Gebet und Opfer zu bitten, er möge vielen Menschen das Licht, die Kraft und die Gnade der Berufung zukommen lassen. Besser werden zu wollen bedeutet, auch ein besserer Freund der eigenen Freunde zu sein, denn wahrhafte Freundschaft bewegt dazu, die eigenen Erfahrungen mit der Berufung weiter zu erzählen, was, bei vollem Respekt vor der Intimität und der persönlichen Freiheit der anderen, die Bereitschaft hervorrufen kann, großzügigen Herzens zu antworten, falls sie derselbe Ruf ereilt.

Wie kann man jemandem die Möglichkeit einer Berufung zur Hingabe an Gott vor Augen stellen und gleichzeitig das persönliche Unterscheidungsvermögen, das sich der Betreffende bewahren muss, respektieren?

Mir scheint, dass diese Frage auf dieselbe Weise beantwortet werden kann wie eine frühere, als es um Proselytismus in seinem ursprünglich positiven Sinne ging. Die Achtung vor der Intimität und der Freiheit jeder Person bei der Evangelisierung, wenn vorgeschlagen wird, das Evangelium anzunehmen, ist in gleicher Weise auf die an jemanden gerichtete Anfrage einer möglichen konkreten Hingabe zum Dienst an Gott anwendbar. In der geistlichen Leitung, durch die Ratschläge der Eltern oder die eines Freundes oder wen auch immer der Betreffende um einen Rat fragen möchte, wird er die Indizien für eine Berufung beurteilen können. Aber die Unterscheidung liegt notwendigerweise beim Betreffenden selbst und setzt natürlich seine Freiwilligkeit voraus. Das Beispiel und der Rat anderer Personen mindern weder das eigene Urteilsvermögen noch beschränken sie die Freiheit. Das entspricht der Erfahrung so vieler, die sich auf Einladung durch andere dafür entschieden haben, einem göttlichen Ruf zu folgen oder einen bestimmten Beruf zu wählen. Es versteht sich von selbst, dass es im Falle einer Entscheidung über die Berufung in erster Linie darum geht, Gott um Licht zu bitten, damit man klar sieht, und um Kraft, damit man Ihn liebt.

Obwohl der Europäische Gerichtshof für Menschenrechte im Jahre 1993 das aktive Werben von Mitgliedern als ein Grundrecht bezeichnete, welches aus der Religionsfreiheit resultiert, sind in diesem Zusammenhang viele kritisch. Dies wird vor allem dann abgelehnt, wenn es sich dabei um Jugendliche handelt. Ist es legitim oder klug, die Hingabe an Gott in jugendlichem Alter vorzuschlagen?

Was das Alter anlangt, gibt es keinen Grund dafür auszuschließen, dass Jungen und Mädchen mit vierzehn oder fünfzehn Jahren in ihrem Herzen einen reifen Wunsch danach, Gott und die anderen mit christlicher Radikalität zu lieben, wahrnehmen und dann unterscheiden können, ob es sich dabei möglicherweise um einen Ruf Gottes handelt. Die Liebe zielt ihrer Natur nach auf Endgültigkeit, wenngleich sie später auch welken kann. Die Geschichte bietet dafür seit den ersten Jahrhunderten zahlreiche Beispiele, wie etwa die Jungfrauen und das geweihte Leben. Die hl. Theresia von Lisieux entschied sich mit vierzehn Jahren für den Karmel und trat mit fünfzehn – mit einer Spezialerlaubnis – ins Kloster ein. Der hl. Josefmaria spürte den Ruf Gottes als er fünfzehn war, und hat nach der Sekundarstufe die Ausbildung zum Priestertum in einem Seminar und das Studium der Rechtswissenschaften an einer staatlichen Universität begonnen. Es handelt sich dabei nicht um einzelne Sonderfälle. Es gibt auch Eheleute, die sich im Alter von vierzehn oder fünfzehn Jahren informell verlobten. In diesem Alter oder sogar früher äußern etliche Jungen den Wunsch, beispielsweise Soldaten, Ärzte oder Journalisten zu werden und andere eben Priester. Nicht alle erreichen ihr Ziel, aber es gibt nicht wenige, die mit einem solchen Wunsch heranreifen und ihn sich erfüllen.

Wie auch immer, konkret im Opus Dei wird – um das nötige Unterscheidungsvermögen und die nötige Reife sicher zu stellen – niemand aufgenommen, der noch nicht volljährig ist, das heißt das 18. Lebensjahr noch nicht vollendet hat – und selbst dann nur auf Zeit. Vor diesem Zeitpunkt kann man mit elterlicher Erlaubnis nur den Wunsch einer späteren Eingliederung äußern, um dann die dem Werk eigene Bildung und geistliche Leitung zu erhalten, was den Betreffenden darauf vorbereitet, nach reiflicher Überlegung eine Entscheidung in vollständiger Freiheit zu treffen. Dies ermöglicht eine Zeit der Unterscheidung, in welcher die junge Frau oder der junge Mann den Wunsch, dem Opus Dei anzugehören, bestätigt sehen und vertiefen kann oder aber im Gegenteil erkennt, ihn nicht in die Tat umsetzen zu wollen. Entscheidet man sich schlussendlich für letzteres, dann stellt das kein Trauma dar, im Gegenteil: Die erhaltene geistliche Bildung wird ihr oder ihm zukünftig eine Hilfe sein, den Weg als Christ zu finden und ihm zu folgen.

Einverstanden. Eine Umorientierung ist für einen jungen Menschen kein Drama. Anders ist es bei jemandem, der im reifen Alter einen plötzlichen Umschwung erlebt. Dass sich wichtige Lebensumstände ändern ist nicht unüblich, vielleicht auch deshalb, weil in der gegenwärtigen Gesellschaft das Leben instabiler geworden ist und die Mobilität im Zusammenhang mit der Arbeit und dem Wohnen etc. zugenommen hat. Die Anzahl von Ausstiegen aus dem Priesterstand und, mehr noch, jene der Ehescheidungen hat sich in den letzten Jahrzehnten stark erhöht. Ist es in der Welt, in der wir leben, nicht eine Utopie, davon auszugehen, man könne Entscheidungen für das ganze Leben treffen?

Ich sehe keinerlei Motiv dafür, es als utopisch anzusehen, dass man Entscheidungen für das ganze Leben treffen kann. Die Wahl eines Berufes ist in der Tat eine in der Regel definitive Entscheidung, wenn auch später bisweilen Änderungen vorgenommen werden, die durch neue mehr oder weniger unvorhergesehene Umstände ausgelöst werden können. Es gibt aber Entscheidungen, die aus Liebe getroffen werden. Und die echte Liebe ist ihrer Natur nach endgültig, wie ich vorhin schon sagte. Das gilt auch für jene Beispiele, die Sie genannt haben: die Ehe und den Priesterstand. Die menschliche Schwäche macht das Unglück des Erlöschens der Liebe leider möglich. Dennoch wird in solchen Situationen eine gültige Ehe oder die empfangene Priesterweihe nicht aufgehoben. Auf alle Fälle benötigen wir alle das Erbarmen Gottes, um in der Treue auszuharren. Andererseits zeigt die Erfahrung, dass diese Treue Quelle des Glücks ist, auch dann, wenn sie Anstrengung und Opfer mit sich bringt.

10

MÄNNER, FRAUEN UND KINDER

Die katholische Kirche verteidigt mit Nachdruck die Familie, die in ihrem Kern aus einer Ehe zwischen einem Mann und einer Frau besteht. Diese Ehe ist für das Leben offen und wird für die gesamte Lebenszeit geschlossen. Die Kirche betont, dass dies das „Normale" ist, das heißt, dass dies der menschlichen Natur und Würde entspricht. Es kann allerdings manchmal als etwas Schweres empfunden werden, und ein Scheitern ist immer möglich. Aber selbst in einem solchen Fall, so die Kirche, wäre ein Verlassen der Norm die schlechtere Option.

Wenn die Kirche in den Massenmedien aufgrund ihrer Haltung zur Familie kritisiert wird, dann wirft man ihr nicht so sehr irrige Grundsätze als vielmehr unrealistische Normen vor, die nicht einmal von den eigenen Gläubigen oder zumindest von der Mehrheit derselben beachtet werden. Die Grundlage dieser Normen und ihre Wahrheit werden kaum diskutiert. Gleichzeitig ist gewiss, dass der Beweis dafür, dass ein Ideal umsetzbar ist, sich eher im konkreten Leben zeigt als in der Theorie.

Die Kirche verkündet, dass geschlechtliche Beziehungen der Ehe vorbehalten sein müssen. Umfragen aber zeigen, dass die Aufnahme sexueller Aktivität allmählich immer früher erfolgt. Es gibt viel Erotik in den Massenmedien, in der Werbung und in Literatur und Film. Kann die Keuschheit heute noch ein anziehendes und lebbares Modell sein?

Dass die Keuschheit trotz diesem aggressiv gegenteiligen Umfeld lebbar ist, stellt ein Faktum dar. Es gibt viele junge und weniger junge Menschen, die keusch leben – nicht nur im Zölibat, denn es gibt auch eine Keuschheit in der Ehe. Sehr bekannt sind in diesem Zusammenhang jene Gruppen tausender Jungen und Mädchen in den Vereinigten Staaten, nicht nur Katholiken und nicht einmal nur Christen, die sich zu einem Leben der Enthaltsamkeit bis zur Ehe verpflichten. Andererseits zeigt die Erfahrung, dass derjenige, der sich der Unreinheit hingibt, in der Versklavung endet und kein Glück, sondern nur Überdruss findet, wenngleich überlagert von einer trügerischen Lust (es gibt heute Therapien gegen sexuelle Sucht). Die Keuschheit, so lehrt der hl.

Josefmaria, ist keine Verneinung sondern eine *freudige Bejahung,*[58] auch wenn sie manchmal Bemühung erfordert, denn sie schützt und vermehrt die Fähigkeit zu lieben.

Es scheint, die Geburtenregelung ist jener Punkt der katholischen Morallehre, der am schwierigsten zu verteidigen ist. Viele verstehen nicht, dass sich die Kirche gegen künstliche Empfängnisverhütung ausspricht und nur natürliche Methoden der Empfängnisregelung anerkennt. Es sieht aus, als wäre alles Künstliche schlecht. Wie erklärt man diese oft schwer zu befolgende Lehre?

Es handelt sich nicht eigentlich um eine katholische moralische Norm in dem Sinne, dass ihre Grundlage der Glaube wäre. Es handelt sich dabei um eine unveränderliche Lehre der Kirche, ja, aber ihre Grundlage ist das Naturgesetz. Künstliches ist nicht per se schlecht. Das ist offensichtlich, denn künstlich sind fast alle medizinischen Maßnahmen, und sie sind sehr gut. Das Künstliche ist schlecht, wenn es sich gegen ein Gut wendet, und genau dies passiert im Fall der Verhütung. Sie wendet sich gegen ein Gut, das in der Verschränkung von vereinigendem und fortpflanzendem Aspekt des ehelichen Aktes besteht, die beide Ausdruck der Liebe sind. Die Fruchtbarkeit willkürlich ausschließen hieße, der Vereinigung das Beste, das sie schenken kann, vorzuenthalten: das Kind, eine Person. Außerdem führt diese Haltung leicht zum Egoismus, und es ist nicht selten, dass die Zuflucht zur Empfängnisverhütung die Beziehung der Eheleute schwer beschädigt.

Ich kann verstehen, wenn diese kurze Erklärung, in der ich die Gedanken Pauls VI. und Johannes Pauls II. zusammengefasst habe, nicht ganz begreiflich oder überzeugend erscheint – sie schließt anthropologische Aspekte ein, die nicht allgemein akzeptiert sind. Trotzdem ist ein Katholik verpflichtet, dieses moralische Kriterium

[58] Josefmaria Escrivá, *Christus begegnen,* Nr. 5.

zu akzeptieren, auch wenn er nicht alle Argumente versteht, die das Lehramt in diesem Zusammenhang ins Treffen führt. Seine Autorität gründet nicht auf menschlicher Wissenschaft, sondern sie ist charismatischer Natur und wurzelt in dem von Christus versprochenen göttlichen Beistand – *wer euch hört, der hört mich* (Lk 10,16). Dieser Beistand setzt ihn in die Lage, die Offenbarung und auch das natürliche Sittengesetz authentisch – d.h. mit bindender Autorität und unter bestimmten Bedingungen auch unfehlbar – zu interpretieren. Man muss die lehramtliche Funktion der Kirche als das verstehen, was sie in Wirklichkeit ist: ein Dienst an der Wahrheit und daher ein treuer Zeuge dessen, was für den Menschen gut ist, auch wenn das manchmal heißt, nicht mit dem Zeitgeist zu gehen.

Statistiken für die westlichen und einige andere Länder weisen auf einen Rückgang der Eheschließungen und auf eine Erhöhung des Durchschnittsalters bei der Hochzeit und bei der Geburt des ersten Kindes hin. Viele junge Menschen möchten definitiven Entscheidungen ausweichen und ziehen es vor, mehr oder weniger dauerhafte Beziehungen zu unterhalten. Worauf führen Sie diese Entwicklung zurück? Glauben Sie, dass die sogenannte traditionelle Familie eine ansprechende Option für junge Menschen sein kann?

Das Hinauszögern der Eheschließungen ist zweifellos auch durch wirtschaftliche Faktoren bedingt: die Schwierigkeit, eine Arbeit, eine Wohnung etc. zu finden. Aber es ist dabei – und mehr noch beim Rückgang der Zahl der Eheschließungen – auch eine weitverbreitete Angst vor endgültigen Entscheidungen zu beobachten, manchmal verbunden mit einem maßlosen Sicherheitsstreben im Zusammenhang mit der Partnerwahl oder dem Wunsch, sich spätere Wahlmöglichkeiten nicht zu verbauen. Es vermischt sich dabei eine individualistisch-egoistische Haltung mit einer falschen Idee von Freiheit: Freiheit als Abwesenheit von Bindungen.

Dabei handelt es sich um eine ziemlich unrealistische Vorstellung, wie der hl. Josefmaria in der schon zitierten Homilie *Das Gottesgeschenk unserer Freiheit* betont: Die Freiheit kann man nicht „aufbewahren“, so als wäre sie ein Gegenstand. Man muss sie für etwas Edles nutzen, sonst verschwendet man sie, statt sie zu nützen. Sich zu verpflichten heißt, seine Freiheit in ein wertvolles und langfristiges Vorhaben zu investieren. Anfangs kann es durchaus reizvoll sein, keine Bindungen zu haben, mit der Zeit aber bleiben Einsamkeit und Leere zurück.

Die Familie – jene für die Fruchtbarkeit offene eheliche Liebe zwischen Mann und Frau – spricht junge Menschen sehr wohl an, wenn sie in angemessener Weise dargestellt wird und vor allem, wenn sie in beispielhaften Elternhäusern, die es Gott sei Dank gibt, sichtbar wird.

Die Kirche animiert Eheleute zu kinderreichen Familien. Abgesehen von anderen Problemen scheint damit aber auch eine Verhinderung des sozialen Aufstiegs der Frau einherzugehen, wenn sie zum Beispiel in ärmeren Ländern von jungen Jahren an auf Mutterschaft reduziert bleibt. In den weiter entwickelten Ländern – so die Meinung vieler Menschen – würde die Mutterschaft die berufliche Selbstverwirklichung der Frau beschneiden. Gleichzeitig spricht die Kirche vom unersetzlichen Wert der Frau im Leben der Gesellschaft. Wie lassen sich diese beiden Behauptungen in Einklang bringen?

Die Mutterschaft ist für sich selbst ein unersetzlicher und grundlegender Wert im Leben der Gesellschaft – nicht nur deshalb, weil es ohne Mutterschaft nicht einmal eine Gesellschaft gäbe. Deshalb scheint mir die Formulierung „von jungen Jahren an auf Mutterschaft reduziert“ unangemessen: Die Mutterschaft „reduziert“ nicht, sondern fördert vielmehr, auch wenn sie nicht die einzige Möglichkeit ist, wie sich eine Frau entwickeln kann. Die Erfahrungen der kinderreichen Familien sind im Allgemeinen sehr positiv. Und auch in armen Ländern sind sie nicht per se negativ: Kinder sind immer ein Reichtum, auch wenn es unleugbar und traurig ist, dass so viele Familien unabhängig vom Kinderreichtum in großer Geldnot leben müssen.

Es ist nicht miteinander unvereinbar, einerseits dazu zu ermutigen, großzügig kinderreiche Familien zu bilden, und andererseits die Gegenwart der Frau in *anderen* wichtigen Gesellschaftsbereichen zu befürworten. Auch wenn sie wollten, können nicht alle Familien viele Kinder haben, und es treten auch nicht alle Frauen in den Ehestand. Einige Frauen tragen auf vielerlei Weise durch ihre berufliche Arbeit zum Wohl der Gesellschaft bei, während der unersetzliche Beitrag anderer Frauen eben darin besteht, die Familie – die Keimzelle der Gesellschaft und der erste Ort der Persönlichkeitsentwicklung – voranzubringen. In der Tat gibt es viele Frauen, welche die Sorge um ihre Familie mit anderer Arbeit in Einklang bringen. Ebenso gibt es immer mehr Ehemänner, die ihr Arbeitsleben reduzieren, um der Familie mehr Zeit widmen zu können.

Ich möchte noch eine andere Frage in diesem Zusammenhang stellen. Das Opus Dei regt einige Frauen dazu an, sich ganz der häuslichen Arbeit zu widmen, auch der Arbeit in den eigenen Zentren des Werkes. Dies ist der Fall bei den sogenannten Auxiliarnumerarierinnen, die dem Werk angehören. Wie kann man dies vor dem Hintergrund der aktuellen Entwicklung der Frauen in der westlichen Gesellschaft verstehen?

Es scheint mir zunächst angebracht festzuhalten, dass die Gegenwart von Frauen im Opus Dei zur Schaffung eines familiären Geistes – in Hinblick auf die Übernatürlichkeit – unbedingt erforderlich ist. Dies ist Ausdruck einer besonderen Dimension der Kirche als solche – nämlich jener, *Familie Gottes* zu sein. Auch die apostolische Dimension der Prälatur bezieht sich darüber hinaus nicht nur auf Männer sondern auch auf Frauen.

In diesen ekklesiologischen Kontext reiht sich die Arbeit der *Hausverwaltung* der apostolischen Unternehmungen des Werkes – und zwar jener von Männern wie jener von Frauen – ein, und diese Arbeit obliegt den Frauen der Prälatur. Einige – die sogenannten Auxiliarnumerarierinnen und einige andere Numerarierinnen – widmen sich beruflich dieser Hausarbeit. Sie arbeiten darüber hinaus bei allen anderen Tätigkeiten der Prälatur mit. Die liebevolle Sorge für die Niederlassungen des Werkes ist gleichzeitig Ausdruck einer grundsätzlichen Bereitschaft aller Numerarierinnen zu diesem Dienst mit einer nicht ausschließlichen und nicht notwendigerweise dauernden Beschäftigung mit häuslichen Aufgaben. Der hl. Josefmaria unterstrich die Bedeutung dieser Arbeit, indem er sagte, sie sei das *Apostolat der Apostolate*, und zwar insofern als ohne diese Hingabe die apostolischen Tätigkeiten in einem für den Geist des Werkes typischen familiären Klima nicht möglich wären.

Ich möchte noch ein anderes Detail ansprechen: Die Auxiliarnumerarierinnen, wie auch die anderen Numerarierinnen, die sich der Verwaltung der Zentren des Opus Dei widmen, tun dies nicht wie Angestellte in einem fremden Haus, sondern als Mütter oder Schwestern der Familie im eigenen Haus, obwohl sie natürlich das ihnen zustehende Entgelt vonseiten der Bewohner des Hauses erhalten. Letztlich kann man nicht leugnen, dass es sich um eine Tätigkeit handelt, die heute mehr denn je eine durchaus anspruchsvolle berufliche Ausbildung erfordert. Andererseits ist das Leben der Auxiliarnumerarierinnen neben der beruflichen Arbeit ebenso wie jenes der übrigen Gläubigen des Opus Dei von vielen anderen Dimensionen und Aktivitäten geprägt: Es umfasst apostolische Initiativen, familiäre und gesellschaftliche Beziehungen, eigene Hobbys etc.

Darüber hinaus ist diese berufliche Tätigkeit der Sorge um die Häuser ein Referenzpunkt für Millionen von Menschen, die mit den Apostolaten der Prälatur in Berührung kommen. Die Botschaft des

Opus Dei will dabei helfen, die Würde des gewöhnlichen Lebens zu verstehen, und das familiäre Zuhause ist wie die Quintessenz des Gewöhnlichen, jener Ort, an dem jede Frau und jeder Mann auf ganz intime Weise zu sich selbst finden kann. Wenngleich manche Frauen sich dieser Arbeit auf direktere Weise annehmen, erinnerte der hl. Josefmaria von Anfang an daran, dass die Sorge um das familiäre Zuhause die Aufgabe aller ist.

Welchen Beitrag leistet das Opus Dei zur Gleichstellung und Förderung der Frau im Arbeitsleben, zu Hause und in der Gesellschaft ganz allgemein?

Die Botschaft des hl. Josefmaria hat abertausende Frauen dazu bewegt, in der Wissenschaft, in den Medien, in Unternehmen und in sozialen Einrichtungen aktiv zu werden – das heißt in allen Bereichen, die auf irgendeine Weise zum öffentlichen Leben eines Staates gehören. Alle ehrbaren Arbeitsfelder stehen den Frauen des Opus Dei offen. Alle erhalten dieselbe intensive geistliche und theologische Bildung wie die Männer. Der Prälat stützt sich auf Gremien – eines von Frauen und eines von Männern – mithilfe derer die Prälatur pastoral geleitet wird. Was die Förderung der Frau im Allgemeinen anlangt, seien hier unzählige Initiativen in vielen Ländern erwähnt, die mit Gottes Hilfe zukünftig noch zahlreicher werden: Primarschulen, Gymnasien, Universitäten, Ausbildungseinrichtungen in sozial und wirtschaftlich benachteiligten Gebieten etc. Ich habe darüber schon im Zusammenhang mit den körperschaftlichen Werken des Opus Dei gesprochen.

Ich möchte einige Fragen im Zusammenhang mit der Trennung von Männern und Frauen im Opus Dei stellen, darf in diesem Zusammenhang aber zuerst ein anderes Thema anschneiden. Später wird sich der Zusammenhang zwischen den beiden Themen zeigen. Das

Opus Dei ist in der Tat dafür bekannt, Bildungszentren auf verschiedenen Ebenen zu initiieren und zu betreuen. Ist dies Teil seines Charismas?

Nein, es gehört nicht zum spezifischen Gründungscharisma in dem Sinne, dass es sich dabei um eine vorrangige Art des Apostolates handelt. Das eigentümliche Charisma besteht in der Heiligung und im Apostolat im alltäglichen Leben und quer durch alle ehrbaren Arbeitsfelder. Der Bildungsbereich ist einer davon – ein freilich sehr wichtiger. Es gibt aber viele Orte, wo das Werk, zumindest bis dato, keine einzige Schule geistlich betreut.

In Entwicklungsländern gleichen die vom Opus Dei initiierten Schulen und Universitäten gewiss die Mängel der nationalen Bildungssysteme aus. An wen aber richten sich die Bildungseinrichtungen in jenen Ländern, in denen Bildung von der öffentlichen Hand finanziert wird?

Diese Bildungszentren richten sich an alle, welche die dort angebotene Bildung wünschen und die eine Ausbildung suchen, die neben akademischer Qualität – die in vielen Ländern auch in staatlichen oder nichtstaatlichen Bildungseinrichtungen gegeben ist – eine christliche, geistliche und dem Lehramt der Kirche treue theologische Bildung bietet. Wenn der Staat private Bildungseinrichtungen nicht subventioniert, wie er es eigentlich sollte, dann bedeutet dies die Notwendigkeit einer großen Anstrengung für alle und ganz speziell für die Familien. Wir bemühen uns im Rahmen des Möglichen darum, Stipendien von privaten Spendern zu erhalten, durch welche bedürftige Familien unterstützt werden. Diese Familien kommen ja bereits durch die von ihnen bezahlten Steuern für die Bildung der Kinder anderer Familien in staatlichen Einrichtungen auf, und ihnen zu helfen ist besonders dringlich dort, wo die Wirtschaftskrise zugeschlagen hat. Mir wurde erzählt, dass die Direktionen in zahlreichen Schulen Spaniens den Eltern geraten haben, anderen Familien Lehrbücher, Kleidung und nicht mehr benötigtes Schulmaterial zur Verfügung zu stellen. Die Reaktion war sehr großzügig, was ein schönes Zeichen der Solidarität darstellte.

Ich komme jetzt zu den angekündigten Fragen. Es ist ein Charakteristikum der Schulen der Primar- und Sekundarstufe, bei denen das Opus Dei für die christliche Orientierung verantwortlich zeichnet, dass sie sich entweder nur an Mädchen oder nur an Jungen richten. Geschlechtsspezifischer Unterricht war zu früheren Zeiten weitverbreitet, heute aber ist ein solcher, zumindest in Spanien und anderen Ländern des Westens, selten anzutreffen – auch in katholischen Einrichtungen. Warum hält das Opus Dei daran fest?

Die Prälatur übernimmt die Verantwortung für die christliche Orientierung und die geistliche Begleitung bei geschlechtergetrennten Schulen, weil sowohl die Erfahrung aus vergangenen Zeiten als auch aktuelle Erfahrungen zeigen, dass im Schulalter eine echt ganzheitliche Bildung der jungen Menschen auf diese Weise besser möglich ist. Das zeigt sich nicht nur in akademischer Hinsicht, sondern auch im Zusammenhang mit der Entfaltung der Persönlichkeit der Jugendlichen. In diesen Altersstufen ist die körperliche und intellektuelle Entwicklung von Jungen und Mädchen sehr unterschiedlich. Abgesehen von ideologischen Motiven war in vielen Fällen, und zwar speziell in von Ordensleuten geführten Schulen, ein wirtschaftliches Motiv für die Einführung des gemischten Unterrichts ausschlaggebend: Klarerweise ist eine einzige gemischte Schule billiger als zwei geschlechterspezifische, aber die Bildung der Schülerinnen und Schüler wird dadurch komplizierter. In der Tat, ganz aktuell kehrt man in Ländern, die als fortschrittlich angesehen werden, bereits wieder zum geschlechtergetrennten Unterricht zurück. So hat sich zum Beispiel in den Vereinigten Staaten binnen weniger Jahre im öffentlichen Schulsystem der geschlechtergetrennte Unterricht stark verbreitet, und zwar teils nur in bestimmten Fächern und teils in Schulen für Mädchen und Schulen für Jungen. Es gibt dort bereits ungefähr fünfhundert öffentliche Schulen, die geschlechtergetrennten Unterricht anbieten – neben noch viel zahlreicheren privaten. Dies gibt es auch – mitunter gründend auf eine jahrhundertealte Tradition – in Ländern wie Großbritannien und Deutschland.

Auch im Opus Dei richtet sich die Mehrheit der Bildungsaktivitäten entweder an Männer oder an Frauen. Warum ist das so? Wie kann es da Einheit und gegenseitige Ergänzung zwischen den beiden Zweigen geben?

Die Gläubigen des Opus Dei sind gewöhnliche Christen, die in ihren familiären, beruflichen und sozialen Beziehungen mit Männern und Frauen Umgang pflegen. Und die meisten unter ihnen sind verheiratet. Die getrennte Bildung in den Zentren der Prälatur erleichtert, neben den wesentlichen gemeinsamen Aspekten, die Berücksichtigung der spezifischen Schattierungen des Lebens und des Apostolats von Männern und Frauen.

Die Einheit und gegenseitige Ergänzung von Männern und Frauen im Werk ist, abgesehen vom gemeinsamen Geist, durch den Prälaten und seine Vikare in der pastoralen Leitung, durch die Priester in der Verkündigung und den sakramentalen Feiern und schließlich durch die Hausverwaltung der Zentren, die von Frauen des Werkes betrieben wird, sichergestellt. Natürlich wird die Einheit und gegenseitige Ergänzung beider Abteilungen auch durch den Austausch von für die Entfaltung der Bildung und der Apostolate nützlichen Erfahrungen umgesetzt, welcher über die Vikare der Prälatur läuft.

11

ARBEIT UND ARMUT

Ich will gar nicht über Politik reden. Ich würde aber doch gerne wissen, ob die christliche Botschaft Klarheit in Situationen bringen kann, die mit unserem Leben in der gegenwärtigen Gesellschaft zu tun haben. Ich erwarte nicht, dass Sie mir ein Rezept dafür geben, wie wir aus der Wirtschaftskrise herauskommen können, aber vielleicht einen Gedanken, um besser zu verstehen, was da vor sich geht.

Der reiche Teil der Welt wurde 2008 durch eine schwere Wirtschaftskrise erschüttert. Viele Länder haben sich davon noch nicht erholt, mit einigen geht es abwärts. Haben die Christen etwas Spezifisches zur Lösung dieser drückenden Probleme beizutragen?

Man braucht kein Wirtschaftsfachmann zu sein – es genügt, halbwegs über die Lage informiert zu sein – um zu dem Schluss zu kommen, dass die aktuelle Wirtschaftskrise mehrere Gründe hat, die noch nicht ganz durchschaut werden konnten. Unter diesen Gründen jedoch ist, neben Mängeln im Zusammenhang mit den Finanzmechanismen, zweifellos eine weit verbreitete unethische Tendenz zur eigenen Bereicherung festzustellen, welche den Forderungen des Gemeinwohls nicht entspricht. Viele Christen können aufgrund ihrer fachlichen Kompetenz Ideen einbringen oder aufgrund ihrer Position Entscheidungen begünstigen oder fällen, die dabei helfen können, die Krise zu überwinden. Aber vor allem können diese Christen und mit ihnen alle im Rahmen ihrer Möglichkeiten (und diese sind manchmal größer als aufgrund von Bequemlichkeit und Egoismus zugegeben wird) etwas spezifisch Christliches zur Lösung dieser drückenden Probleme beisteuern: die Prinzipien der Soziallehre der Kirche, und vor allem Nächstenliebe und Gerechtigkeit. Es gibt keine Gerechtigkeit ohne Nächstenliebe, aber auch keine Liebe ohne Gerechtigkeit – Letzteres wäre auch keine echte Nächstenliebe.

Welche konkreten Auswirkungen kann die Soziallehre der Kirche haben? Solange man sich nämlich bei den Prinzipien aufhält, bleibt alles theoretisch und ohne praktische Konsequenzen. Und wenn man konkrete Lösungen anvisiert, würde man dann nicht der Kirche eine Kompetenz zusprechen, die sie nicht haben kann?

Die Soziallehre der Kirche geht weit über die klassische „soziale Frage“ hinaus. Sie umfasst grundlegende Prinzipien (Solidarität, Subsidiarität usw.) und bewertet davon ausgehend verschiedene Aspekte des gesellschaftlichen Lebens. Darunter finden sich Themen wie die Familie, das Eheleben, die Kindererziehung, das Arbeitsleben, die politischen Strukturen, die Umwelt oder der internationale Friede. Es versteht sich von selbst, dass die Kirche keine konkreten technischen Lösungen anbietet oder konkrete Wirtschafts- oder Sozialsysteme bzw. -programme vorschlägt.

Die Soziallehre ist dazu da, eine Hilfe für das gute Handeln anzubieten. Sie verletzt die Autonomie des Christen nicht, der zusammen mit anderen Bürgern nach konkreten und geeigneten Lösungen für die sozialen Probleme und Krisen suchen muss. Diese sind je nach Zeit, Umständen und Kultur unterschiedlich. Anders ausgedrückt, die Soziallehre der Kirche konzentriert sich auf den durch die Offenbarung erleuchteten ethischen Aspekt der Wirklichkeit und nicht darauf, praktisch anwendbare Lösungen vorzuschlagen. Das ist vielmehr Angelegenheit der Laien, deren Aufgabe in der Verchristlichung der zeitlichen Gegebenheiten besteht. Sie tun das inmitten der Welt durch ihre Arbeit und suchen in Eigenverantwortung nach passenden und im Einklang mit den Lehren Christi und der Kirche stehenden Lösungen für die sozialen Probleme.

Die Soziallehre ist keine „Theorie ohne praktische Konsequenz“, sondern stellt einen vitalen Antrieb dar. Die Kirche ermutigt die Christen zu verantwortlichem Handeln: Jeder einzelne kann in seinem Bereich in der Gesellschaft dazu beitragen, den Lebensstandard zu erhöhen. Er kann dazu beitragen, dass sich die Machtstrukturen in der Gesellschaft wirklich auf den Dienst an den Bürgern ausrichten oder dass die Produktions- und Konsummodelle im

Sinne eines korrekt verstandenen Gemeinwohls, in dem die ganze Menschheit berücksichtigt wird, erneuert werden. Er kann die Nächstenliebe leben und sich zum Beispiel über die Forderungen der Gerechtigkeit hinausgehend um die Bedürftigsten kümmern etc.

Wenn Sie mir eine hoffentlich nicht zu übertriebene Vereinfachung gestatten: Die Anschauungen über soziale Gerechtigkeit lassen sich in zwei gegensätzliche Strömungen zusammenfassen. Die sozialistische oder sozialdemokratische auf der einen Seite und die liberale, oder genauer, die neoliberale, auf der anderen. Sie sind heute gewiss nicht mehr so weit voneinander entfernt wie es ihre Originalversionen im 19. und in Teilen des 20. Jahrhunderts noch waren. Welche der beiden Strömungen steht der Soziallehre der Kirche näher? Wie beurteilt das katholische Lehramt diese Weltanschauungen in ihrer heutigen Form?

Sowohl der Liberalismus als auch der Sozialismus sind komplexe Systeme mit einer Vielzahl von Aspekten (ideologische, ökonomische, politische). Gleichzeitig lassen diese Strömungen heutzutage eine größere Zahl an Ausformungen mit weniger radikalen Ansätzen zu als zur Zeit ihrer Entstehung. Es liegt indes auf der Hand, dass sie immer noch entweder das Individuum und seine Freiheit oder aber das Kollektiv und die Gleichheit betonen. Es wäre aber eine genaue und eingehende Bewertung notwendig, insofern als der klassische Liberalismus des 19. Jahrhunderts beispielsweise nicht ident ist mit dem Neoliberalismus, der eine eher politisch-wirtschaftliche Strömung ist, deren Vertreter den Einfluss des Staates auf ein Minimum reduziert sehen möchten.

Die Soziallehre der Kirche verwirft eine individualistische Ethik, die vergisst, dass das Wohl der Gesellschaft auch das Wohl des Einzelnen ist: Die soziale Sorge ist auch eine Forderung der Gerechtigkeit und nicht bloß eine freiwillige altruistische Option. Gleichzeitig unterstützt die kirchliche Soziallehre keine Konzeptionen, bei welchen sich die Person in der Gesellschaft auflöst. In solchen wird letztlich die Freiheit abgeschafft oder ihre Ausübung in ungebührlicher Weise eingeschränkt. Es geht also darum, die wesentliche Gleichheit der Menschen im Zusammenhang mit ihrer Natur und Würde zu respektieren und extreme Unterschiede zu vermeiden. Freilich darf man nicht vergessen, dass die Absicht, jede Ungleichheit zu eliminieren, häufig – zum Beispiel in einigen totalitären Systemen des 20. Jahrhunderts – zu den schwersten Ungerechtigkeiten geführt hat. In diesem Sinne sind auch Ideologien – gleich welcher Vorzeichen – verwerflich, in denen die innerweltliche Glückseligkeit im Sinne einer Utopie des Paradieses auf Erden propagiert wird. Letztendlich bietet die Kirche, wie Johannes Paul II. am Ende der Enzyklika *Centesimus annus* (Nr. 43) bestätigt, keine eigenen Modelle an. Sie gibt mit der Soziallehre einfach eine Orientierung, die dabei hilft, eine auf das Gemeinwohl und auf den Dienst am Menschen ausgerichtete Marktwirtschaft oder Unternehmensphilosophie etc. umzusetzen.

Wenn die Kernbotschaft des Opus Dei die Heiligung der Arbeit ist, wie lässt sich da die hohe Arbeitslosigkeit einordnen, die in mehreren Ländern vorhanden ist?

Ja, der Kern der Botschaft des Opus Dei ist die Heiligung der beruflichen Arbeit, aber diese ist Sinnbild für etwas Umfassenderes – nämlich für das gewöhnliche Leben. Das gewöhnliche Leben insgesamt kann durch das Evangelium erleuchtet werden, auch dann, wenn sich außergewöhnliche Situationen ergeben wie beispielsweise eine unfreiwillige Arbeitslosigkeit. Dies ist nur aus dem Glauben an Jesus Christus heraus – durch den Glauben an das Kreuz Christi – möglich. Nicht wenige Gläubige des Werkes sind derzeit arbeitslos. Neben dem christlichen Ertragen des Leidens fördert der Geist des Opus Dei die *Arbeit der Arbeitssuche.* Dazu gehört beispielsweise auch, dass man – wenn es möglich und angebracht erscheint – Anstellungen unterhalb des eigenen beruflichen Qualifikationsniveaus annimmt. Selbstverständlich besteht für diejenigen, die dazu in der Lage sind, ein notwendiger Teil der Antwort auf dieses menschliche Drama darin, die wirtschaftlichen und ökonomischen Strukturen mit christlichem Geist zu beleben und dabei die Forderungen der Gerechtigkeit und der Liebe zur Geltung kommen zu lassen. Die Systeme sind selbstverständlich verbesserbar, aber wir wissen alle, dass ohne gerechte Menschen die Strukturen, so gut sie auch sein mögen, nicht auf gerechte Weise funktionieren können.

Die Heiligung der Arbeit ist demnach keine Art „Erfolgsmoral". Hat dann aber die „Heiligung der Arbeit" keinen Einfluss auf das Resultat dieser Arbeit? Worin besteht nun genau die „Heiligung der Arbeit"?

Die Arbeit heiligen heißt nicht, „etwas Heiliges tun" während man arbeitet, sondern es heißt, gerade die Arbeit selbst, das menschliche Tun an sich, heilig werden lassen. Dadurch wird die Arbeit zu einem Instrument der Mitwirkung mit Gott in seiner Schöpfung und trägt zur Heiligung des arbeitenden Menschen selbst bei sowie auch zur Heiligung derer, für welche die Arbeit geleistet wird. Der hl. Josefmaria fasste dies in einem berühmten Satz zusammen: *Die Arbeit heiligen, sich durch die Arbeit heiligen, andere durch die Arbeit heiligen.*[59] Die Arbeit zu heiligen bedeutet, sie an der Heiligkeit Gottes teilhaben zu lassen, der der einzig Heilige und die Quelle aller Heiligkeit ist. Wie macht man das? Der hl. Josefmaria sagt es uns im „Weg" (Nr. 359): *Lege ein übernatürliches Motiv in deine alltägliche Berufsarbeit, und du hast deine Arbeit geheiligt.* Das heißt, das menschliche Tun an sich wird heilig, wenn es mit einem übernatürlichen Motiv getan wird. Es ist augenschein-

[59] Josefmaria Escrivá, *Christus begegnen,* Nr. 45.

lich, dass dieses Motiv nichts anderes als die Liebe zu Gott und zum Nächsten und darauf aufbauend der Dienst am Nächsten ist.

Aber es geht auch nicht nur um eine Art „Moral der guten Absichten", sondern um den Primat der Finalität in der Verkettung der Ursachen. Wie Aristoteles und später dann der hl. Thomas von Aquin sagten, „ist das Ziel Ursache der Ursächlichkeit aller Ursachen" (*finis est causa causalitatis in omnibus causis*[60]). Dem Ziel, für welches die Arbeit verrichtet wird, kommt genau dann der Vorrang zu, wenn es bewusst als Zweck der Handlung verfolgt wird, als solcher die wirkende Tätigkeit entscheidend beeinflusst und dadurch auch das Ergebnis der Arbeit sowohl in materieller („was man tut") wie auch in formeller Hinsicht („wie man es tut") prägt.[61]

Darum ist ein wesentliches Element der Heiligung der Arbeit auch ihre menschliche Vollkommenheit – dass sie gut gemacht wird. Das „übernatürliche Motiv", dem die Arbeit ihre Heiligkeit verdankt, führt also dazu, die Arbeit im Rahmen der persönlichen Möglichkeiten und Beschränkungen so perfekt wie möglich zu verrichten. So lässt sich auch die *christliche* Bedeutung der Berufsbildung als Konsequenz des allgemeinen Rufes zur Heiligkeit verstehen, wie es der hl. Josefmaria stets gelehrt hat. Letztlich begreift man auch einen anderen Aspekt seiner Lehre, der in diesem Zusammenhang steht: Wenn die Wurzel der Heiligung der Arbeit in der Absicht liegt (in jenem strikten Sinn, von dem ich eben gesprochen habe), dann ergibt sich, dass offenbar *jede ehrbare Arbeit heiligbar ist.*

---

[60] Thomas von AQUIN, *De principiis naturae,* cap. 4; vgl. auch *In V Met.,* l. 3, n. 6.

[61] Hinter dieser Aussage steht die aristotelische Lehre, dass die Finalursache *(causa finalis)* die Ursache der Wirkursache *(causa efficiens)* ist. Sie ist die *causa causarum,* oder eben: die *causa causalitatis in causis.* (Anmerkung des Herausgebers).

Sicher haben die Politiker zahlreichere Möglichkeiten, zur Lösung sozialer Probleme beizutragen als andere. Soll man Ihrer Meinung nach angesichts des äußerst schlechten Rufes von Politikern und so vieler Korruptionsfälle aufrichtige und kompetente Menschen dazu animieren, in die Politik zu gehen, oder sollte man ihnen eher andere Formen des Engagements für das Gemeinwohl wie etwa freiwilligen Sozialdienst empfehlen?

Verallgemeinerungen sind meist ungerecht. Es stimmt aber, dass die Politik oft ein Feld für zwielichtige und unmoralische Machenschaften darstellt. Gerade deshalb ist es umso notwendiger, dass aufrichtige und kompetente Menschen sich dazu entscheiden, in die Politik zu gehen. Von dieser hängt das Gemeinwohl einer Gesellschaft maßgeblich ab, und das nicht nur im Zusammenhang mit ökonomischen Aspekten, sondern auch, was so wesentliche Angelegenheiten wie Ehe, Familie, Erziehung, Religionsfreiheit oder die öffentliche Sittlichkeit betrifft. Die Christen können sich nicht aus dem politischen Leben zurückziehen, wenn sie wollen, dass alle menschlichen Tätigkeiten mit dem Geist Christi durchtränkt werden. Dies heißt nun nicht, dass alle in einer bestimmten Partei sein müssten. In der Tat sind nur relativ wenige Menschen beruflich in der Politik tätig. Unter diesen dürfen Christen aus einem Guss, die fachlich gut gebildet sind und Dienstgesinnung haben, nicht fehlen, auch wenn ein politisches Amt möglicherweise nicht so einträglich und prestigeträchtig wie andere Tätigkeiten ist. Die Komplexität und das Erfordernis einer ständigen Imagepflege sowie die Bereitschaft, Kritik auszuhalten, sollen dabei nicht abschrecken.

In jedem Fall dürfen, wie der hl. Josefmaria in der berühmten Homilie *Die Welt leidenschaftlich lieben*[62] ausführte, die in der Politik tätigen Katholiken nicht behaupten, sie würden die Kirche reprä-

[62] Josefmaria Escrivá, *Gespräche mit Msgr. Escrivá de Balaguer,* Nr. 113-123.

sentieren, oder ihre Meinungen so vorbringen als wären sie „katholische Lösungen“, auch wenn die Lehre der Kirche für sie natürlich ein wichtiger Referenzpunkt bei vielen Angelegenheiten mit moralischen Implikationen sein wird. Es bedarf einer, wie der hl. Josefmaria sich ausdrückte, *laikalen Mentalität.* Diese zeigt sich darin, dass die eigenen Ideen und Entscheidungen persönlich verantwortet, dass andersdenkende Katholiken respektiert werden und dass die Kirche nicht in parteipolitische Querelen hineingezogen wird. Eine solche laikale Mentalität schließt Intoleranz und Fanatismus aus und fördert stattdessen das gesellschaftliche Zusammenleben.

Vielleicht lässt sich die Wirtschaftskrise nutzbar machen als Korrektiv für ein übertriebenes Konkurrenzdenken, welches sich in vielen beruflichen Bereichen eingenistet hat, nicht nur bei den berüchtigten Brokern, sondern auch in Anwaltskanzleien, Beratungsfirmen oder Universitäten. Oder wird unter denen, die ihren Beruf behalten haben, alles beim Alten bleiben, während die Übrigen schlicht und einfach ausgeschlossen werden? Ich bitte Sie nicht um einen Lösungsvorschlag, aber vielleicht könnten Sie uns helfen, die Angelegenheit besser zu verstehen.

Das exzessive Konkurrenzdenken im Berufsleben führt, zumindest in vielen Fällen, zu einem Ungleichgewicht oder einer Unausgewogenheit zwischen den verschiedenen Dimensionen des persönlichen Lebens, insbesondere zwischen dem Berufs- und dem Familienleben, und dies zieht häufig bedauerliche Konsequenzen nach sich. Problematisch ist, dass Einzelpersonen oder Unternehmen, die sich diesem Rhythmus nicht unterwerfen, wahrscheinlich zurückbleiben. Woher kommt das alles? Ich vermute, es gibt viele unterschiedliche Ursachen, die sich gegenseitig bedingen. Die Wurzeln liegen aber sicher in einem System, das sowohl als Folge eines radikalen Liberalismus auf Gier und Rücksichtslosigkeit gründet, als auch parallel dazu auf einem übertriebenen, die Freiheit einengenden staatlichen Interventionismus.

In der sogenannten Wohlstandsgesellschaft schien die Armut weit entfernt zu sein, und es genügte, dass wir einfach etwas von dem, was uns übrig blieb, für eine karitative Initiative spendeten, ohne deshalb unseren Lebensstil ändern zu müssen. Jetzt aber hat die Krise den Mangel zu uns nach Hause oder in unsere Umgebung gebracht. Können da jene, denen jetzt noch etwas übrigbleibt, so weiterleben wie bisher?

Der Begriff Armut hat verschiedene Bedeutungen: eine ist der Mangel an notwendigen materiellen Gütern (das ist die übliche Bedeutung), eine andere ist der Mangel an geistlichen, intellektuellen und sittlichen Qualitäten, und eine dritte ist die christliche Tugend der Armut oder *die Armut im Geiste*, die in einer der Seligpreisungen erwähnt wird. Diese Tugend besteht in der Loslösung, sie besteht darin, Herz und Willen von einer ungeordneten Anhänglichkeit an die materiellen Güter frei zu halten. In den ersten beiden Bedeutungen – Mangel an Notwendigem – ist die Armut offensichtlich ein Übel. In ihrer dritten Bedeutung – Armut im Geiste – liegt hingegen ein großes Gut, und zwar nicht nur im christlichen Sinne, sondern auch in menschlicher Hinsicht, insofern sie Ausdruck innerer Freiheit ist. In unserer Welt ist es schon aus Solidarität mit so vielen Menschen, denen sogar die elementarsten Dinge fehlen, sinnvoller denn je, sein Leben nüchtern zu gestalten. Unabhängig davon ist eine genügsame Lebensweise notwendig, um nicht dem Gegenteil der „Armut im Geiste" zu verfallen und dadurch die echte innere Freiheit zu verlieren. Angesichts so vieler den materiellen Gütern erlegenen Menschen, die aus diesem Grund nahezu unfähig sind, ihren Geist auf Gott und den Nächsten auszurichten, pflegte der inzwischen seliggesprochene Alvaro del Portillo zu sagen, dass die reichen Gesellschaften „am Wohlstand ersticken".

Die „Empörten", „Occupy Wall Street" und ähnliche in vielen Ländern aufgetauchte Bewegungen protestieren genau aus diesem Grund gegen das System. Scheint Ihnen ihr Radikalismus zulässig oder vernünftig, oder würden Sie für einen geduldigeren Umgang mit diesen Problemen plädieren?

Angesichts von „Skandalen", d.h. verwerflichen Handlungen, die dem Gemeinwohl massiven Schaden zugefügt haben, ist die Empörung, die Forderung nach Ausmerzung eines solchen Verhaltens und jene nach der Bestrafung der Schuldigen eine verständliche Reaktion. Selbstverständlich muss das alles rechtskonform und mit der nötigen Behutsamkeit geschehen. Aber vergessen wir nicht, dass auch jeder Einzelne dort, wo er steht, und in seinem Beruf zum Gemeinwohl beitragen kann, indem er gerecht handelt. Es ist unerlässlich und gehört zum Wesen des Christseins, jenen Egoismus zu überwinden, der lediglich persönliche Interessen verfolgt. Dann kann man beginnend in der unmittelbaren Umgebung wie am Arbeitsplatz und in der Nachbarschaft dasjenige suchen, das zum Wohl aller beiträgt. Friedliche Proteste sind legitim. Gewiss muss man dabei den politischen Autoritäten Folge leisten, aber Gesetzeskonformität ist nicht notwendigerweise gleichbedeutend mit Passivität. Eine gewaltsame Revolution hingegen kann nur als letztes Mittel angesichts untragbarer Zustände gerechtfertigt werden, sofern eine Aussicht auf Erfolg besteht, ohne die Situation noch zu verschlimmern. Die Geschichte zeigt jedoch in beachtlicher Weise, dass Revolutionen für gewöhnlich ihre Ziele nicht erreichen. Der italienische Philosoph Augusto del Noce sprach in diesem Zusammenhang von der „Heterogenität der Ziele" von Revolutionen.

Ich möchte das eben Gesagte zum Anlass nehmen, um das Interview abzuschließen. Im Verlauf unseres Gespräches haben wir verschiedene Aspekte der Situation der Kirche, der Gesellschaft, der Familie etc.

betrachtet. Wir haben über ermutigende Tendenzen gesprochen, aber unvermeidlicherweise auch mitunter größere Probleme in den Blick genommen. Genügt es, dass man das Gute klar erkennt, um darauf vertrauen zu können, dass ein Wandel zum Besseren möglich ist? Die christliche Hoffnung richtet sich vor allem auf das Jenseitige. Bleibt es nun bei einer Vertröstung auf dieses Jenseits oder ergeben sich Folgerungen für das Leben auf Erden? Was genau gibt Anlass zur Hoffnung?

Die christliche Hoffnung ist nicht einfach nur Trost, aber sie verweist vor allem auf das letzte Ziel des Menschen. Im Himmel liegt, so der hl. Paulus, *die Erfüllung eurer Hoffnung für euch bereit* (Kol 1,5). Die Hoffnung bezieht sich aber auch auf das gegenwärtige Leben, allem voran auf jene Mittel, die uns Jesus Christus in die Hand gegeben hat, um auf unserer irdischen Pilgerschaft zur ewigen Glückseligkeit des Himmelreiches voranschreiten zu können. Die christliche Hoffnung erleuchtet aber darüber hinaus alle übrigen Momente des persönlichen und gesellschaftlichen Lebens, nicht um utopische wirtschaftliche Erfolge verbuchen zu können, sondern um uns dazu anzuspornen, im Rahmen des Möglichen an der Lösung der Probleme zu arbeiten. Die Geschichte wird uns zu keinem Zustand innerweltlicher Fülle gelangen lassen, schon deshalb nicht, weil der Mensch immer frei und daher auch offen sowohl für Fortschritt als auch für das Scheitern ist. Es ist nicht unsere Kraft, welche die Welt rettet, sondern die Kraft Christi. Mir kommt in den Sinn, wie der hl. Markus die Berufung der Apostel durch Jesus beschreibt: *Und er setzte zwölf ein, die er bei sich haben und die er dann aussenden wollte, damit sie predigten und mit seiner Vollmacht Dämonen austrieben* (Mk 3,14-15). *Bei Christus sein* ist notwendige Bedingung für die Wirksamkeit der Apostel und damit auch aller Christen, die gerufen sind, aktiv an der apostolischen Sendung der Kirche mitzuarbeiten. Dieses *Sein bei Christus* verwirklicht sich in erster Linie in der Eucharistie, die – wie der hl.

Josefmaria erklärte – *Mitte und Wurzel des christlichen Lebens*[63] ist. Von dieser eucharistischen Wurzel ausgehend ist das ganze Leben des Christen auch Leben der Kirche und von daher Zeichen und Mittel für das Heil der Welt.

Bei Christus *verweilen*, um in Christus zu *wirken* und den Auftrag der Kirche zu erfüllen – jeder auf seine Weise: das Geheimnis der Erlösung in der Geschichte gegenwärtig machen. Darin liegt unsere fest gegründete Hoffnung auf eine erneuerte Menschheit, die in vorweggenommener Fülle in Maria bereits mütterlich zugegen ist.

[63] Josefmaria Escrivá, *Christus begegnen*, Nr. 102.